KB269179

한국 사회복지정책의 실태

이념과 철학을 중심으로

크리스챤아카데미 사회교육원 엮음

<시민을 위한 작은 책>을 펴내면서

우리 사회는 그동안 정치, 경제, 사회 각 분야에 걸쳐 시민을 도외시한 민주주의의 허상 속에서 성장위주의 발전만을 추구해 왔습니다. 그 과정에서 한국 사회는 자연의 황폐는 물론 공동체 의식의 파괴, 생명에의 무감각이 만연하면서 인간사회의 가장 중요한 기본 가치관을 잃어 왔고, 사회적 불평등과 불균형을 만들어 냈습니다. 시대의 방향 감각과 지향하려는 목표, 그리고 더불어 살아가는 이치와 조화의 미덕을 갖출 생각을 하지 못한 것입니다.

그 결과 이제 한국 사회는 전반적 문제점을 재확인하고 새로운 사회상을 정립하기 위한 조정의 시기에 돌입하였습니다. 이러한 시도가 성공하기 위해서는 정치, 경제, 사회, 교육 등 모든 분야의 총체적 개혁이 불가피합니다. 특히 개혁과 새로운 유형의 사회 운영은 더 이상 국가의 일방적 주도가 아니라 시민사회와 시민운동의 참여와 협조하에서만 가능하다는 점을 우리는 강조하고자 합니다.

본 사회교육원은 이같은 문제의식 속에서 꾸준히 연구사업을 추진하여 왔습니다. 한편으로는 사회적 불평등과 불균형을 해결하기 위한 방법을 모색하고 다른 한편으로는 21 세기 세계의

물결 속에서 한국 사회에 걸맞는 비전을 토론과 대화를 통해 창출하는 사업을 추진하고 있습니다.

사회교육원은 이러한 사업의 성과를 정리하여 <시민을 위한 작은 책>으로 펴내고 있습니다. 여기에서는 민주적 국가에 필요한 정당, 정치 그리고 행정과 제도를 논의하고, 시민권 보장과 공동체적 생활양식을 위한 시민운동의 과제, 그리고 구체적으로 사회적 연대성을 구현하기 위한 제반 정책과 방법 등을 제안하고 있습니다.

앞으로도 사회교육원은 성숙한 시민사회와 국가를 지향하는 연구·논의·교육의 장을 계속 열어가고자 하며, 뜻을 같이하는 여러분을 위해 참여와 논의의 장을 항상 열어놓을 것입니다.

그간 작업에 성실히 참여해 주신 모든 분께 이 자리를 빌어 감사의 말씀을 드립니다.

1998년 12월
크리스찬아카데미 사회교육원
원장 신필균

차례

5

● 일러두기

이 책은 사회교육원에서 주제를 잡고 관련 분야의 연구자와 운동가들이 함께 토론한 내용을 그대로 엮음으로 다양한 관점을 제시하고 읽는 이들의 이해의 폭을 넓히는 데 다소나마 도움이 되고자 노력하였다. 이에 따라 아래와 같은 표시에 의해 본문과 관련하여 토론되었던 사항을 게재하면서 각각의 내용을 구분하였다.

본문 내용과 관련하여 보충되는 의견을 제시하거나 부연설명한 토론 내용

본문 내용과 대립되거나 이와는 다른 의견을 제시한 토론 내용

본문 내용에 의문을 가지고 있거나 내용과 관련된 질문 중심의 토론 내용

본문 내용과 함께 일정 정도의 합의에 이르거나 결론을 제시한 토론 내용

한국의 사회복지정책, 무엇이 문제인가

정무성
가톨릭대 사회복지학

1. 문제제기

오늘날 선진국들은 경제성장보다는 국민의 삶의 질을 최우
선으로 하는 복지국가이다. 이러한 변화에 대해 영국의 경제학자
마샬(T. K. Marshall)은 시민권(citizenship)의 성장을 중심
으로 근대역사 발전과정을 다음과 같이 세 단계로 설명하고 있다.
그에 따르면 18세기는 '공민권(civil rights)'의 발달로 개
인의 자유를 기초로 한 언론 및 결사의 자유, 사상과 신앙의 자유
등 인간의 기본권이 성립되던 시대이다. 그리고 19세기와 20세
기 초에 이르는 기간은 '정치적 권리(political rights)'가 신
장되던 시기로 신분의 차별 없이 정치적 참정권과 보통선거권이
실현되었다. 그러나 2차대전 이후 각국은 국민의 '사회적 권리
(social rights)'를 신장시키는 데 주력하였다. 이로써 전체적
으로 구성원의 삶의 질 향상을 위해 노력하는 복지사회가 출현되
었다. 앞으로 21세기는 시민의 참여에 의한 삶의 질 향상을 위하

여 사회적 노력이 더욱 본격화될 전망이다.

　　그러나 우리나라는 지난 30여년 동안 사회복지보다는 경제성장 중심의 정책에 주력하여왔다. 그 결과 경제발전에서는 상당한 성공을 거두었으나, 이것이 곧 전체 국민의 복지를 자동적으로 보장하지는 못하였다. 오히려 경제성장을 위하여 일부 계층에게 희생과 인내를 강요하는 비복지적 결과를 가져오기도 하였다. 각종 경제지표들이 선진국에 진입하고 있음을 실감나게 하면서도 다른 한쪽에서는 점심을 굶어야 하는 수천명의 결식 아동이 있고, 자식의 냉대와 정부의 무대책에 소외되는 노인들이 늘어나고, 온갖 사회적 차별을 감수하며 비인간적인 삶을 살아야 하는 수많은 장애인들이 존재하는 현실이 오늘날 우리 사회의 모습이다.

　　분배보다는 성장에만 역점을 둔 경제개발정책은 계층간 지역간의 불평등을 첨예화시켰고, 물질중심적인 가치지향으로 말미암아 인간상실과 소외감의 문제를 야기시켜왔다. 또한 급속한 산업화와 도시화에 따른 핵가족화, 이혼율의 증가 등 가족기능의 약화로 인해 청소년, 노인 및 결손가정 아동의 문제가 심각할 정도에 와 있고, 산업재해와 교통사고의 다발, 공해 등으로 인하여 선천적·후천적 장애인도 증가 추세에 있다. 이러한 문제들을 해결하고 사회문제의 심화를 막기 위한 제도적 장치로서 사회복지제도의 확대를 적극적으로 추진해야 할 때이다.

　　이러한 상황을 반영하여 1995년 3월 유엔 사회개발정상회의를 참석하고 돌아온 김영삼 대통령은 삶의 질의 세계화를 선언하고 '복지구상'을 발표하였다. 이는 문민정부의 사회복지확대를 위한 의지를 강하게 표출한 것이다. 그러나 실제로 국민의 삶의 질 향상을 위한 정부차원에서의 노력은 매우 미약한 실정이다. 선언적으로는 국가정책 기조를 바꾸어 사회복지를 확대하겠다는 의지를 보이고 있으나, 실제에서는 과거 정권의 틀을 크게 벗어나지 않는 범위에서 소극적인 변화만을 추구하고 있다.

이에 현대 복지국가의 기본 이념을 통해 사회복지정책의 나아갈 방향을 살펴보고, 우리나라 사회복지 실태와 현 정부가 추구하고 있는 한국형 사회복지에 나타난 복지이념을 비판적으로 고찰해보고자 한다. 또한 우리 사회의 낙후된 삶의 질 향상을 위해서 시민들의 참여와 연대에 기반한 사회복지운동의 필요성을 강조하고자 한다.

이삼열

우리나라 복지기관 중 1/3 정도를 종교기관에서 맡고 있다. 국가가 아닌 민간이 참여하여 복지사업에 기여하고 있는데, 근본적인 문제는 아직 해결되지 않고 있다. 이를테면, 우리 사회의 복지정책이 어디로 가야 하는가, 어디에 중점을 두고서 사회봉사나 사회사업이 이루어져야 하는가 등에 대해서 합의된 규범이나 프로그램이 없다. 단지 1년 예산의 몇 퍼센트를 정해서 구색 맞추는 정도에 불과하고 정말 복지국가나 정책을 모색하기 위한 논의는 국회건 정부건 정당이건 제대로 해본 적이 없다.
건강, 주택, 교육, 환경 등 인간이 인간다운 삶을 영위하기 위해서 필요한 모든 분야가 다 복지인데 우리가 제한된 자원과 능력을 가지고 모든 분야를 생각할 수는 없다. 한 사회의 역사적인 발전단계 속에서 어떤 것을 우선적으로 해나갈 것이냐 하는 문제를 논의해야 될 것 같다.

2. 현대 복지국가의 이념

현대 산업사회의 각종 문제들을 해결하기 위한 장치로서 등장한 사회복지제도는 오늘날 대부분의 선진 산업국가에서 국민들의 행복한 삶을 보장하기 위한 필수적인 제도로서 받아들여지고 있다. 전통적인 사회복지의 개념에 의하면, 복지국가란 모든 국민이 사회적으로 정해진 최소한의 생활수준을 국가로부터 보장받을 권리를 갖는 사회를 의미한다. 이러한 복지국가의 개념은 과거의 서구 자본주의 경제체제가 최소한의 생활수준을 모든 국민들에게 보장하는 데 실패한 것으로 증명됨에 따라 급격히 공감을 얻게 되었다. 그리고 선진국의 각 정부가 개인간 혹은 계층간 생활수준의 차이를 재조정하기 위하여 경제적 생산과 분배과정에 개입하여 가능한 사회적 평등을 이루고 국민간의 연대의식을 증진시키려는 노력의 결과라고 할 수 있다.

산업화가 본격적으로 이루어지기 전인 14∼19세기 중엽에 이르는 기간에 빈민구제와 같은 초기의 사회복지 제도들이 있었다. 그러나 이것은 산업화 과정에서 등장한 신자본가계급의 이익을 보호하기 위하여 저임금의 노동력을 확보하고 빈민들에게 복지혜택을 최소화하는 방식으로 이루어졌다. 한마디로 말해서, 국가가 빈민을 통제하기 위한 수단이었다.

그러나 산업혁명의 절정을 이룬 19세기 중반 이후 산업화와 도시화에 따른 사회문제들이 폭발하여 대규모의 빈민폭동과 노동파업이 빈번하게 발생하였다. 더구나 정치적 민주화의 진행과 함께 노동계급의 정치력이 강화되고 사회주의 정당과 연대하여 국가권력을 합법적으로 장악할 수 있는 계기가 조성됨에 따

> 우리의 사회보장제도는 유럽처럼 노동운동 혹은 시민운동의 발전을 통하여 형성된 시민사회의 필요와 요구에 의해서 만들어진 것이 아니라 국가에 의하여 제도화되었다. 그런데 문제는 이 제도가 전체적이고 장기적인 시각에 의하여 만들어진 것이 아니라는 데 있다. 결국 가입자만 피해자로 만들고 있는 것이다.

라 민주주의의 연장선상에서 근대적 복지국가의 출현이 요구되었다.

그 이후 양차 세계대전과 대공황을 경험하고, 민주주의의 확장과 자본주의의 발전으로 1970년대 중반까지는 복지제도가 꾸준히 확대되었다. 그 결과 선진 자본주의 국가에서는 포괄적이고 보편적이며, 적절성과 재분배 효과가 비교적 높은 복지국가를 발전시켰다. 대부분의 국가에서 복지정책의 확대 및 발전은 공통된 목표였지만 그 과정에 있어 정부의 개입전략은 국가간에 상당한 차이를 보여주었다.

이에 대해 퍼니스와 틸톤(Furniss & Tilton)은 서구 선진 국가들의 복지국가 모델을 국가개입의 형태와 목표에 따라 적극적 국가(Positive Stste), 사회보장국가(Social Security State), 사회복지국가(Social Welfare State)로 구분하였다.

'적극적 국가' 란 사회복지를 경제적 효율성의 원칙에 입각하여 국민의 복지를 위해 경제성장을 강조하고 정부와 기업이 협조체제를 유지하는 국가를 지칭한다. 즉 자유로운 경제활동의 보장이 우선이며 자본주의체제의 모순을 극복하는 차원에서만 정부가 일부 개입하여 복지서비스를 제공하는 형태로서, 미국이 그 대표적인 예이다.

　　‘사회보장국가’는 경제성장과 완전고용을 위한 경제정책과 사회보험 및 공적부조 제공을 위한 사회정책을 결합하여 전국민에게 최저생활을 보장하는 이념을 갖고 있다. 따라서 사회복지서비스는 대개 무료로 제공되는데 영국이 그 전형적인 예이다.

　　한편 ‘사회복지국가’는 물론 계급간·집단간 평등을 극대화하여 궁극적으로는 전국민의 시장의존성을 축소시키는 국가이다. 스웨덴을 비롯한 스칸디나비아반도 국가들이 이 모형에 가까운 복지정책을 펴고 있다. 퍼니스와 틸톤은 현대의 복지국가는 후자의 두 유형을 의미한다고 주장함으로써 적극적인 국가를 복지국가 모델에서 제외시키고 있다. 즉, 복지국가는 국가 구성원들의 경제적 안전과 평등을 극대화하는 것을 최우선으로 하는 국가의 형태라고 할 수 있다.

　　그러나 1974년 석유파동 이후 선진 산업사회는 예산 불균형, 높은 실업률, 치솟는 물가고 등에 시달리게 되었다. 그 여파로 전후 높은 경제성장률을 바탕으로 호황을 누리던 복지국가의 이상이 흔들리기 시작하였다. 이로 인해 70년대 말부터 영국의 대처리즘과 미국의 레이거노믹스로 대표되는 신보수주의 이념이 등장하게 되었다.

　　신보수주의 복지정책의 입장은 80년대 미국의 레이건 정부의 복지정책 기준에 잘 나타나 있다. 그 기준에 따르면, ① 정부의 복지비 지출은 최저수준에 머물러야 한다; ② 정부는 복지정책 및 프로그램에 있어 역할을 최소화하여야 한다; ③ 복지서비스 수혜대상은 ‘지극히 궁핍한 자’로 제한하여야 한다; ④ 복지서비스는 가능한 단기적 원조로 이루어져야 한다 등이었다. 이와 같은 기준에 입각해서 레이건 정부는 '작은 정부'를 표방하고 복지에 대한 정부의 책임을 축소함으로써 수많은 빈민에 대한 복지서비스를 제한하였다.

그런데 90 년대 들어 신보수주의 정책기조는 복지국가에서의 정부의 사회경제적 조정능력을 과소 평가함으로써 시장경제가 야기하는 불평등과 갈등에 대한 사회통합의 해결책을 제시하지 못한 것으로 평가되었다. 현대사회에서 국가의 복지개입을 통한 경제적 안전의 보장과 평등의 증진은 국민 개개인의 행복추구를 위한 필수 조건이라는 것이다. 복지국가로부터 제공되는 각종의 복지혜택이 시장경제와 이웃에 대한 의존성을 감소시킴으로써 국민 개개인의 생존능력을 증진시키고, 궁극적으로는 개개인의 행복을 향상시키는 데 기여하기 때문이다(김태성 · 성경륭, 1993). 따라서 이념적 측면에서의 복지국가의 이상은 앞으로도 지속될 전망이다.

그러나 한편에서는 복지국가에서 정부의 역할을 지나치게 강조하는 것은 현실적인 한계와 비효율성을 초래할 수 있다는 문제가 제기되고 있다.

또 후기산업사회에서 시민의 역할이 강조되는 시민사회가

장기표 

> 소득재분배를 의미하는 서구의 복지에서 성장과 복지는 대립적인 개념이다. 그런데 복지를 실현하지 않으면 성장을 도저히 실현할 수 없다고 인식하는 것이 중요하다. 한국형 복지는 지금까지 서구에서 전개해왔던 복지, 즉 소비적 사회보장제도를 기회보장적인 생산적 사회보장제도로 전면 수정하여 재창조할 필요가 있다.

도래하면서 복지국가보다는 복지사회(welfare society)의 개념이 확산되고 있다. '복지사회'는 복지의 실천 주체를 정부로 집중시키지 않고 협동적인 시민참여를 통해 정부를 포함한 전 사회로 분산시키자는 의미를 담고 있다. 이는 시민 개개인의 잠재력과 창의성을 최대한으로 발휘할 수 있게 하여, 개인의 자아실현과 자기성취를 극대화시키기 위한 시도이다. 이러한 사회에서는 사회의 모든 구성원이 고도의 도덕성을 지니고 각 개인의 개별성과 존엄성을 인정하고 존중해야 하며, 사회성원간의 인간관계가 연대의식을 바탕으로 사회 전반의 복지를 향상시키는 것

박주현

사회복지를 권리라는 의식으로만, 더욱이 너무 개인적인 권리 차원에서 접근하게 되면 실제로 권리를 보호받아야 할 사람이 소외되는 결과가 생길 수 있다. 우리가 사회복지운동을 하는 데에 있어서 중요한 두 바퀴가 있다고 생각하는데, 한 가지는 정보와 자원을 확보한 전문적인 능력의 배양이고, 개인적인 권리 차원이 아닌 공동체의식을 회복하는 차원의 사회적 공감대를 넓혀가는 것이다.

이석태

복지를 기본적인 권리라고 언급할 때, 여기서 말하는 권리는 일반적으로 우리가 알고 있는 권리와는 조금 다른 의미이다. 즉, 민사상 무엇을 받아내는 권리가 아니라 인간으로서 살아가는 데 필요한 기본적인 인권을 말하는 것이다. 과거에 사회보장이 안되었던 이유는 바로 이러한 인권의식이 부족했기 때문이다. 공동체의식은 기본적 인권을 국가에 대해서 요구하여 향유하기 위한 방법론으로서 매우 중요하다.

을 목표로 한다(장인협, 1997: 53-57). 즉, 복지사회는 복지국가와 기본 성격이나 목표에는 큰 차이가 없지만, 복지 구현을 위해 정부의 역할과 함께 시민의 참여를 강조하는 것이 특징이다.

3. 우리나라의 사회복지 실태

일반적으로 사회복지의 수준을 결정하는 기준은 적용범위의 포괄성, 수혜 대상의 보편성, 복지혜택의 적절성, 재분배효과 등 네 가지이다. 이러한 4가지 기준에 비추어 볼 때, 우리나라는 다른 나라들에 비해서 아직 지극히 낮은 수준에 머물러 있다. 또 복지국가의 수준을 가늠하는 중요한 조건 중의 하나는 사회보장제도의 존재와 수준이다. 사회보장이란 국민의 생존권 실현을 위해 국가가 모든 국민의 최저한의 생활을 보장하는 제도로서, 국민연금, 의료보험, 산재보험, 실업(고용)보험, 가족수당제도를 기본 프로그램으로 하고 있다. 우리나라의 경우는 현재 가족수당제도를 제외한 전자의 네 가지 제도를 갖춤으로써 사회보장제도의 기본틀은 어느 정도 갖추고 있다. 그러나 실질적인 내용은 다분히 명목적이고 그 수준이 미약하여 국민의 최저생활보장이 어려운 실정이다.

다음의 표는 우리나라 4대 사회보험의 실시현황을 나타내고 있다. 의료보험을 제외하고는 적용율이 매우 낮은 것을 알 수 있다. 의료보험제도의 경우는 1977년 처음으로 도입되어 1989년에 전국민에게 확대된 우리나라의 대표적인 사회보험 프로그램 중의 하나이다. 그러나 1992년 미국의 보건복지부가 발행한

『세계의 사회보장제도』(*Social Security Programs thr-oughout the World*)에는 전세계 의료보험제도를 시행하는 국가 102개국 중에 한국은 포함시키지 않고 있다. 그 이유는 우리나라의 의료보험제도가 상병수당 등의 현금급여를 행하지 않고 있기 때문에 사회보장 프로그램이 될 수 없다는 것이다.

우리나라 사회보험 실시현황 (95년말 기준)

구 분	국민연금	의료보험	산재보험	고용보험
대 상	노령 - 장해 - 사망	질병	업무상재해	실업
보장유형	소득보장	의료보장	의료 - 소득보장	소득보장
도입연도	88년	77년	64년	95년
현재가입율	56.9%	100%	61.9%	32.6%

한 사회의 복지수준을 평가하는 또 하나의 객관적인 기준은 국가에 의한 복지비 지출 비율이다. 일반적으로 국가에 의한 복지비 지출이 GDP의 5%가 넘어서면 국가 기능의 전면적 재구조화가 일어나 전통적 기능이 약화되고 복지기능이 강화된다고 한다(Pierson, 1991: 107). 따라서 GDP의 5%를 복지국가의 기준으로 삼는데, 대부분의 서구 선진국가들은 40년대 이전에 이미 이 기준을 넘어섰고 복지국가 위기논쟁이 제기되기 직전인 70년대 유럽의 복지국가들에서는 복지비 지출이 GDP의 25~30% 선에 이르렀으며, 현재 대부분의 국가들은 15% 이상의 수준을 유지하고 있다.

그러나 문민정부 3년 동안 우리나라의 GDP 대비 사회개발 예산 규모는 평균 1.26%에 불과하여 세계적으로 최하위권의 수준에 머물렀다. 더구나 이는 6공화국의 1.34% 수준보다도 낮은 것으로 사회복지예산의 증가율이 문민정부 들어 오히려 후퇴하였음을 보여준다. 최근 한국개발연구원(KDI)의 분석에서도 한국 정부의 복지재정 지출수준은 비슷한 소득수준에 있는 나라들의 평균 지출의 29%에 불과한 것으로 나타났다.

우리나라 복지비 지출 수준은 서구의 국가들이 우리와 비슷한 경제수준이었을 당시와 비교해도 낮은 수준일 뿐만 아니라 우리나라보다 경제적으로 훨씬 열악한 국가들과 비교해도 매우 낮은 수준임을 알 수 있다. 예를 들어 우리와 소득수준이 비슷한 중상위권 국가들의 GNP 대비 중앙정부 사회지출 비용을 보면 브라질 7.68%, 칠레 8.88%, 그리스 6.34% 등으로 우리보다 훨씬 높은 수준이다(World Bank, 1995). 이러한 현상은 국가의 재정부담을 최소화하는 형태의 복지모형을 추구하고자 하는 정부의 소극적인 사회복지정책의 결과이다.

사회복지는 예산의 확보 없이는 실질적으로 확대될 수 없는 성격의 제도이기 때문에 복지사회를 이루기 위해서는 정부의 예산구조 개혁이 우선적으로 전제되어야 한다. 사회복지 예산 확대를 기조로 하는 복지개혁 요구에 대한 논리적 근거는 다양하게 제시될 수 있다.

우선 세계적인 추세에 맞추어 정부의 기능을 성장위주에서 복지위주로 전환할 필요가 있다. 또한 과도한 성장위주의 정책이 낳아온 갈등과 불평등을 해소하고 지속가능한 성장을 유도하기 위해서는 국가의 정책기조가 삶의 질, 복지에 초점을 두는 방향으로 전환하여야 한다. 복지비 지출의 확대는 경제성장의 역기능을 치유하고, 자본축적과 경기조절을 가능케 하여 경제에 순기능

> 정부의 사회복지 예산을 확충하기 위하여 재정구조의 개혁이 전제되어야 한다면, 결국 군사비 문제가 중요한 쟁점이 되어야 한다고 본다. 통일운동 일각에서는 군사비를 사회복지비로 전환하자는 운동이 벌어지고 있다. 그동안 우리 사회가 사회복지의 진전보다는 경제성장에 주력할 수밖에 없었던 이유가 북한에 대한 힘의 우위를 달성해야 한다는 것이었다. 또 하나는 독일의 경우처럼 상대를 흡수통일할 경우 그것에 투입되는 비용이 실로 방대하다는 데 있다. 따라서 좀더 적극적으로 통일을 대비한 복지 개념이 개발되어야 할 것이다.

적으로 작용할 수 있다. 나아가 인간개발을 통해 건강하고 우수한 노동력을 재생산함으로써 정보 사회에 필요한 인적 자원의 확보를 극대화시켜 국가경쟁력을 강화할 수 있다(이영환·문진영, 1996). 따라서 사회복지예산 확대는 우리나라 사회복지 개혁의 가장 기본적인 과제라고 할 수 있다.

이러한 문제점을 인식하고 국민복지기획단의 기본구상에서도 2010년까지 매년 20%씩 복지비를 증액하여 국제적 평균기대치를 달성하되, 공적부조와 사회복지 서비스부문을 우선 확충하자는 계획을 제시하였다(국민복지기획단, 1996a). 이는 평균재정증가율을 약간 웃도는 정도의 복지 예산 증액을 통해 국제수준에 도달할 수 있다는 주장이다. 그러나 IMF 자료를 토대로 60개국의 1인당 국민소득과 복지지출의 상관관계를 통하여 추산한 평균기대치는 그야말로 평균일 뿐, 정부가 목표로 하는 세계 11위의 선진국 수준의 삶의 질을 의미하는 것은 아니다. 따라서 경제수준에 걸맞는 복지수준을 이루기 위해서는 2000년대 초가 목표와 방향도 중요하고 예산도 확보해야 한다. 그렇다면 사회복지를 요구하기 위하여 시민운동에서 어느 것을 우선적으로 제기해 나가야 할지 합의하는 것이 중요하다. 내 생각에는 예산이 확보된다 해도 이념과 철학이 너무 부재한 상태이므로 그 예산이 잘못 쓰일 가능성이 높다. 따라서 이념과 철학을 정립하고 그에 맞춰 목표와 방향을 세우는 것이 필요하다.

지 복지비 지출이 GDP 대비 5% 수준(이는 정부 예산의 25~30% 정도에 해당하는 규모)은 되어야 하며, 이를 위해서는 앞으로 10년간 매년 최소한 40% 이상의 복지비 증액이 요구된다.

4. '한국형 복지모형'에 나타난 복지이념

현 정부의 사회복지정책은 정권창출 과정에서의 태생적 한계를 지닌 채 한국형 복지모형, 복지의 세계화 선언, 삶의 질 개선을 위한 대통령의 복지구상 등으로 이어진다. 김영삼 정부는 집권 직후 제7차 경제사회개발 5개년 계획을 수정한 신경제 5개년 계획을 제시하고, 그 틀 안에서 사회복지정책의 기본방향을 '한국형 복지모형'으로 구체화하였다. 현재 한국형 복지모형은 우리나라 사회복지정책을 총체적으로 규정하는 핵심 용어로 받아들여지고 있다. 이 모형에 나타난 복지정책의 기본 이념은 다음과 같이 다섯가지로 설명할 수 있다(국민복지기획단, 1996b).

① 성장과 복지의 조화: 복지가 경제발전에 저해되지 않도록
자율적 한계를 설정하여 적절한 경제성장과 공평한 분배
를 동시에 달성.

② 한국적 특수성의 반영: 전통적 가족구조, 상부상조 정신
등 고유의 장점을 유지 발전시켜 서구 복지제도의 단점
보완.

③ 생산적·예방적 복지의 강화: 단순 보호차원의 소득이전
적 복지보다 자활능력 배양에 역점.

④ 복지공급 주체의 다원화: 기업 및 종교계 등 민간의 복지
참여 확대로 국민과 정부가 함께 하는 복지공동체 구축.

⑤ 물질적 만족과 정신적 행복의 추구: 경제적 풍요 속에서
문화적 혜택과 쾌적한 여가 생활을 확산.

김경애

우리가 한국형 복지이념을 말할 때, 정부는 가족복지 형
태에 대하여 언급한다. 그러나 과연 정부가 말하는 건전
가정은 도대체 무엇을 의미하는가. 기존의 가족구조에
서 나타나는 한국적 특수성을 고려할 때, 여성들의 희생
을 전제하는 것이 아닌가 하는 의구심이 생긴다.

한국형 복지모형의 구축과 관련된 문헌들(청와대, 1995;
국민복지기획단, 1996a·b 한국보건사회연구원, 1995; 복지
정책반, 1996)에 나타난 '시장이념과 탈시장이념의 조화'
'경제성장과 분배정의의 합의점 추구' '세계적 보편성과 한국
적 특수성의 조화' 등의 표현에서 볼 수 있는 바와 같이 한국형
복지모형은 기존의 서구 선진국의 복지모형을 한국적 특수상황

을 고려하여 창의적으로 적용해보겠다는 의도에서 나온 것이다. 이는 과거의 경제성장 일변도의 정책에서 벗어나 사회복지를 경제성장과 함께 고려하겠다는 의지를 담았다는 점에서 상당한 의의를 지니고 있다. 그러나 과거 정권들이 자신들 통치행위의 비민주성을 합리화하기 위한 수단으로 소위 '한국형 민주주의'라는 용어를 만들어냈던 것처럼, '한국형 복지모형'은 자칫 사회복지의 변칙적 형태를 의미하는 것은 아닐까 하는 의구심을 갖게 한다. 특히 한국형 복지모형은 내용상 다음의 두 가지 점에서 그 한계를 지니고 있다.

첫째, 한국형 복지모형은 경제성장을 저해하지 않는 한도내에서 최소한의 사회복지정책을 지향하겠다는 것이다. 이는 서구 선진 복지국가들의 과도한 복지비 부담이 경제성장에 부담을 주었다는 신보수주의적 문제인식에서 나온 구상이라고 볼 수 있다. 물론 경제성장을 고려해가면서 사회복지제도의 확대를 꾀하겠다는 정책에 대해 부정적으로 평가할 이유는 없다. 그러나 문제

모지환 

소위 우리 사회에서 복지제도를 반대하는 사람들은 두 가지의 근거를 갖고 있다. 하나는 경제적인 측면에서 복지가 성장에 저해된다는 것이고, 다른 하나는 복지 서비스를 지나치게 제공하면 노동욕구가 저하된다는 것이다. 그런데 흥미로운 점은 복지제도의 활성화를 주장하는 학계나 운동계에서도 동일한 반대논리를 갖고 있다는 것이다. 경제논리와 마찬가지로 또 다른 차원의 경제논리가 대두한다. 이를테면, 복지를 하더라도 경제 성장에 저해되지 않는다는 등의 설명이다. 이런 소극적이고 수세적인 자세를 극복해야 한다.

는 이로 인해 사회복지 본래의 기능이 왜곡될 수 있다는 점이다. 사회의 소외된 계층에 대한 보호가 사회복지제도의 일차적 기능인데, 경제성장의 논리에 밀려 그들의 복지가 담보될 가능성이 농후하기 때문이다. 따라서 신보수주의적 이념에 기초한 한국형 복지모형은 소외계층의 삶의 질을 획기적으로 개선시키기에는 한계를 지닌 정책모형이라고 할 수 있다.

둘째는 가족과 지역사회, 종교단체, 기업 등 민간부문의 사회복지적 책임을 강화시켜 빈약한 정부의 복지수준을 보완하겠다는 것이다. 이를 위해 사회복지 서비스부문에서의 시장논리의 도입도 시사하고 있다. 실제로 1994년 사회복지정책의 발전전략을 구상하기 위해 구성된 사회복지정책 심의위원회도 사회복지 서비스부문에서의 시장원리 도입을 장려하였다. 정부의 입장에서는 높아진 국민들의 복지의식과 소외계층의 복지욕구를 기존의 복지 예산으로 해결하기에는 한계가 있기 때문에, 우리나라의 전통적인 가족중심적 미풍양속을 살림으로써 정부의 재정적 부담을 덜어내려는 속셈이라고 할 수 있다. 이러한 구상은 사회복지의 역할에 있어 정부와 민간이 책임을 공유한다는 소위 복지

김창엽

> 보건의료분야에도 유사한 예가 있다. 보건과 복지가 아주 밀접하게 연관되어 있는 것 중 하나가 소위 지역사회 접근이라는 것이다. 기관에서 복지 서비스를 제공하는 것보다는 삶의 현장에서 제공하는 것이 중요하다는 것인데, 그러나 주의해야 할 점은 지역사회 접근이 저렴한 비용과 정부의 부담을 최소화시킬 수 있다는 이유로 논의된다는 점이다.

다원주의에 그 이념적 근거를 두고 있다(김연명, 1996).

그러나 복지다원주의는 복지비 부담을 느낀 서구 복지국가에서 정부의 복지책임 일부를 민간부문에게 이양함으로써 정부의 재정적 부담을 덜어보려는 노력의 과정에서 나타난 형태로 우리나라의 경우와는 다른 점이 있다. 즉, 정부의 사회복지가 주축을 이루고 있는 상황에서 보완적으로 가족이나 지역사회의 기능을 활용하고자 하는 것이 서구의 복지다원주의이다. 그러나 우리나라의 경우 정부의 복지역할이 충분히 강화되지 않은 상황에서 민간부문의 복지역할을 강조하는 것은 정부의 복지책임 회피를 의미하는 것이며, 민간부문에서 시장논리에 따라 복지구매를 할 경우 계층간 복지수혜의 불평등을 심화시킬 우려가 있다.

이와 같이 한국형 복지모형은 낙후된 한국의 복지현실에서 획기적인 복지정책 개혁을 통한 복지국가 형성을 기대했던 사람들에게는 실망스러운 것이다. 즉, 모든 국민들에게 최소한의 생활을 보장하고 계층간 제반 생활조건의 평등을 이루는 복지국가의 이상과는 관계가 먼 여전히 경제적 효율성만을 강조하는 소극

박주현 

복지제도는 기본적으로 소득재분배와 삶의 질 향상이라는 두 가지 목표를 갖고 있다. 그런데 소득재분배에 대한 관점을 생략하고 삶의 질 향상으로만 초점을 맞추기 때문에 추상화되고 또 중산층 위주와 민영화방식으로 진행되는 것이다. 선별주의를 거쳐 보편주의로 이행해온 여러 나라의 역사적 발전 경로를 참조할 때, 한국형 복지의 문제점은 선별주의를 거치지 않고 바로 보편주의로 가려고 하기 때문에 기형적인 형태로 나타나는 것 같다.

적 사회복지정책 목표들로 구성되어 있다. 사회복지의 이러한 접근은 계층간 지역간 불평등을 증폭하여 삶의 질의 상대적 박탈감을 조장하게 된다.

사회복지정책을 평가하는 데에는 저소득 소외계층의 복리 증진, 시장경제 논리의 배제, 재분배성 등이 중요한 기준이 된다. 따라서 소외계층에 대한 국가의 최소한의 삶의 질 보장책이 마련되지 않은 상황에서 사회복지정책의 소극적 변화와 사회복지에의 시장논리 도입을 꾀하는 한국형 사회복지 모형은 결코 긍정적으로 평가될 수 없다.

이상덕

> 사회복지가 소외계층을 보호하기 위한 방법이라고 할 때, 학계나 운동계가 모두 복지를 성인중심 또는 가족중심 차원으로 제한하는 것 같다. 그렇기 때문에 복지의 개념과 서비스의 내용이 애매해진다. 예를 들어 아동 탁아 문제는 여성복지에 해당하는가 아니면 아동복지에 해당하는가.

5. 시민참여를 통한 사회복지

우리나라의 급속한 사회변동은 국민의 복지 욕구에도 상당한 변화를 일으키고 있다. 특히 시민들의 복지의식 신장과 함께 정부와 사회에 대한 복지대책 요구가 증가하고 있다. 그러나 우리나라 국민들은 대부분 정치권력의 근본적인 변화보다는 자신의 삶과 직접적으로 연관된 다양한 사회경제적 영역에서의 점진적 개혁을 요구하고 있다.

　이러한 시점에 문민정부의 등장과 민선 자치시대의 본격적인 도래는 시민사회의 지평을 넓혀주었다. 즉, 복지사회 이념의 성공적 실현은 사회성원간의 연대의식 여부에 달려 있는데, 시민들의 자발적이고 조직적인 참여를 통해 성장위주의 경쟁적이고 물질주의적인 저속한 자본주의 문화에 대응하여 공존의 가치를 지향하는 연대의식을 발전시킬 수 있는 가능성이 커진 것이다.

　문민시대의 문민대통령과 민선 자치단체장을 맞으면서 국민들은 막연한 기대와 낙관을 해왔다. 그러나 근거없는 낙관론을 바탕으로 국민들의 비판정신이 해체되고 개인주의적 행태가 팽배해지고 있는 실정이다. 따라서 문민시대와 민선 자치시대에 시민들의 참여를 유도하고 더불어 사는 사회분위기 창출을 위한 시민운동단체의 역할이 어느 때보다 중요한 시기라고 할 수 있다.

　이러한 점에서 국민의 삶의 질과 직접적으로 연관되는 사회복지운동은 필연적으로 향후 한국사회의 가장 중요한 사회운동 영역으로 대두될 전망이다(김기식, 1996: 263-271). 특히 지방자치시대를 맞아 분출되고 있는 지역주민들의 복지욕구를 집약하고 총체적으로 제기해주어야 할 지역사회 복지운동이 증가하고 있다. 즉, 일상생활 속에서 지역사회 주민단체들에 적극 참

김성숙 

> 요즘에 삶의 질에 대한 문제가 언급되면서 지방자치단체에서 복지를 표면에 많이 내세운다. 그런데 복지가 중산층을 위한 것으로 포장되면서 실제 복지를 필요로 하는 많은 계층에게 오히려 그것이 미치지 못하고 있다.

정외영

> 지역에서 일을 해보니 개인의 이해관계에 따라서 사회적 권리가 충분히 다르게 해석될 수 있다. 사회복지가 개인뿐만 아니라 공동체 성원 모두의 권리로 인식되기 위하여 무엇이 필요한지 고민해야 한다. 공동체 모두에게 보편적으로 적용할 수 있는 서비스가 있을 것이다.

김현승

> 주거복지의 경우, 지역에서 밑으로부터 올라오는 힘을 가지고 요구해야 한다. 그러나 도시 중산층 대부분이 세입자로 이사가 잦다보니 지역에 정착하기 어렵다. 내가 사는 지역에 뿌리를 내리고 정착할 수 있어야 민(民)이 참여하는 지방자치가 이루어질 수 있을 것이다.

여하고, 각종 단체와의 연대활동을 통해 우리 사회의 낙후된 삶의 질 문제를 지역차원에서 확대시켜나가야 할 것이다.

이러한 사회복지운동은 ① 시민참여를 활성화시켜 복지정책의 계획과 집행에 시민의 의사를 반영케 함으로써 민주성을 확보할 수 있고, ② 시민들이 적극적인 참여를 통해 권리의식이 고양되고, 보다 높은 수준의 복지서비스를 정부로부터 확보할 수 있으며, ③ 정책의 입안 및 결정과정에서 시민의 지지와 감시를 의식하기 때문에 행정의 능률성을 높일 수 있다.

시민운동단체는 비관료적인 조직적 특성으로 신속하고 융통성있게 사회문제에 개입할 수 있는 장점이 있다. 따라서 현대 산업사회에서 빈발하는 사회문제를 해결하고 시민들의 삶의 질 향상을 효율적으로 증진시키기 위해서는 시민운동이 활성화되어야 한다. 이를 위한 정부의 재정적 행정적 지원이 증가되어야 이시재 

우리의 경우는 복지 규모가 워낙 적으니까 국가복지가 중요하다는 것을 강조하고 있다. 그러나 국가를 중심으로 한 복지란 것이 이를테면 재분배구조인데, 이것을 전적으로 국가가 해야 한다거나 아니면 시민사회가 해야 한다고 규정할 수는 없다. 복지의 성격에 따라서 어떤 것은 국가가 중심이 되고 또 어떤 것은 시민사회에서 할 수 있을 것이다.
그런 의미에서 사회복지에 시민이 참가한다면 단순히 정책형성만이 아니라 복지를 생산하고 복지의 전달체계를 구축하는 주체여야 하지 않을까 생각한다.

최찬애 

실제의 생활공간에서 주민들의 님비현상에 부딪쳐 정책이 실행되지 못하는 사례들이 있다. 따라서 사회복지부문을 확대하는 방안도 중요하지만, 주민들에게 복지의식을 형성해주는 것 또한 매우 중요하다.

김현숙 

계층별로 제공받기를 요구하는 복지 서비스가 무엇인지, 또 이것을 개인, 가족, 지역사회 등 어느 차원에서 관리해야 하는지에 대한 구체적인 연구가 진행되어야 한다.

하겠지만 궁극적으로는 민간재원을 최대한 발굴하여 시민의 참여와 자발성이 극대화되도록 하여야 한다. 나아가서 복지사회 건설은 시민들 스스로 복지의식이 함양되지 않으면 이루어질 수 없다. 따라서 지역의 사회복지전문가나 시민단체들을 중심으로 주민들의 복지의식을 함양할 수 있는 공청회, 설명회, 토론회, 세미나 등의 다양한 프로그램을 개발해나가야 한다.

6. 맺음말

국민의 복지증진은 모든 국가정책의 최종 목표이며, 이러한
목표는 올바른 사회복지정책의 수립으로부터 시작된다. 최근 정
부나 사회단체가 가장 애용하는 구호 중의 하나는 국민 혹은 시
민의 '삶의 질' 향상이다. 삶의 질이란 모든 사람들에게 인간다
운 삶이 보장된 상태를 의미한다고 할 수 있다. 삶의 질 향상을 위
한 노력은 사회구성원간의 불평등구조의 해소에서부터 시작된
다. 그러나 문민정부의 한국형 복지모형에 나타난 정책 내용들은
국민의 최소한의 생활보장이나 계층간 제반 생활조건의 평등화
보다는 경제적 효율성을 강조하는 소극적 정책목표들이라고 할
수 있다.

60년대 군사정권 이후 정치적 부패로 인한 각종 사회적 부
조리와 성장위주의 정책으로 인한 분배 정의문제로 계급간의 심
각한 갈등을 겪고 있는 우리의 정치 · 경제 · 사회적 상황을 고
려할 때, 우리가 추구해야 할 사회복지정책 모형은 복지가 국민
의 기본적 권리로 인정되어 그동안 누적된 국민적 갈등과 대립의
모순을 극복하고 국민 서로간에 사회적 연대책임을 지는 보편적
사회복지제도를 확립하는 것이다.

나아가 우리나라의 사회복지정책은 통일을 전제로 하여 발
전하여야 한다. 통일은 상호 양극의 이데올로기적 경쟁을 통한
흡수통합의 방식보다는 민족동질성을 바탕으로 합의에 의한 통
일전략이 바람직한 것으로 지적되고 있다. 민족동질성의 회복은
남한이 먼저 진정한 국민통합을 이루는 복지공동사회가 되는 것
에서부터 시작된다. 이러한 접근이 성공을 거두기 위해서는 국민

모두가 물질보다는 인간의 존엄성이라는 가치를, 성장제일주의
보다는 상호 공존을 중시하는 의식으로 전환하여야 한다.

이를 위해 사회복지 영역에의 시민운동을 통한 시민참여 활
성화는 시민들의 연대의식과 공동체의식을 강화하고, 궁극적으
로 정치민주화와 함께 경제발전과 복지가 상호 보완을 통하여 상
승효과를 이루는 복지사회를 건설하는 데 기여하게 될 것이다.
특히 지역차원에서 주민들의 참여는 더욱 폭넓은 사회개혁을 가
능케 할 것이며, 동시에 시민의식을 성숙시키는 중요한 민주주의
의 훈련의 장이 될 것으로 여겨진다.

참고문헌

▶ 국민복지기획단, 1996a, 「삶의 질 세계화를 위한 국민복지의 기본구
상(요약)」, 『최종보고서』, 서울:국민복지기획단.

▶ 국민복지기획단, 1996b, 「삶의 질 세계화를 위한 국민복지의 기본
구상(안)」, 서울:국민복지기획단.

▶ 김기식, 1996, 「사회복지운동의 의의와 과제」, 『사회복지학교 자
료집』, 서울:참여연대.

▶ 김연명, 1996, 「김영삼정권의 3년의 사회복지정책」, 『김영삼정
권 3년 정책평가서』, 서울:민주화를 위한 전국교수협의회.

▶ 김영모, 1993, 「한국인의 복지의식과 사회복지정책의 발달」, 한림
과학원 편, 『신한국의 정책과제』, 서울:나남.

▶ 김태성 · 성경륭, 1993, 『복지국가론』, 서울:나남.

▶ 이영환 · 문진영, 1996, 「사회복지예산의 현황과 과제 – 사회복지 예

산 확대운동」, 『참여연대 워크샵 자료집』, 서울:참여연대.

▶ 복지정책반, 1996, 「한국형 사회복지체계 정립방안」, 『21 세기 경제장기구상 공개공청회 자료집』, 서울 : 21세기 경제장기구상 복지정책반.

▶ 장인협, 1997, 『사회복지학 개론』, 서울 : 서울대학교 출판부.

▶ 정무성, 1996, 「문민정부는 낙제점 – 말 따로 실천 따로」, 『참여사회』, 서울:참여연대.

▶ 정무성, 1996, 「문선자치시대의 시민의 삶의 질 향상을 위한 시민운동의 역할」, 『시민운동 추진성과 발표 및 토론』, '96 년도 제 3 차 시민참여포럼, 서울:서울특별시.

▶ 청와대, 1996, 『삶의 질 세계화를 위한 대통령의 복지구상』, 서울:청와대.

▶ 한국보건사회연구원, 1996, 『한국적 복지모형의 정립과 정책방향: 단기정책연구(1), (2)』, 서울:한국보건사회연구원.

▶ Furnis, N. & Tilton, T., 1997, *The Case for the Welfare State*, Bloomington, IN : Indiana University Press.

▶ Marshall, T.H., 1963, *Sociology at the Crossroads*, London : Heinemann.

▶ Pierson, C., 1991, *Beyond Welfare State?* University Park, PA : The Pennsylvania Press.

▶ Wilensky, H.I., 1975, *The Welfare State and Equality*, Berkeicy, CA : University of California Press.

▶ World Bank, 1995, *The World Bank Atlas 1995*, Washington, D.C.

한국 보건의료의 문제점과 개혁방향

김창엽
서울대 의료관리학

1. 위기의 한국 보건의료

'총체적 위기!'

현재의 한국 보건의료는 이 한마디로 요약된다. 혹자는 위기가 위험과 기회의 줄임말이므로 양면성이 있다고 하나 한국 보건의료의 위기는 위험만이 두드러져 보인다. 무엇이 위기를 초래하였으며, 이러한 위기의 징후는 무엇인가.

위기의 징후를 찾는 것은 그리 어렵지 않다. 전체적으로 그 누구도 현재의 보건의료에 만족하지 않는다는 것이 가장 뚜렷한 징후이다. 보건의료라는 사회운영체제의 한 요소—그것도 중요한 한 요소—에 대해 사회구성원 어느 누구도 긍정적으로 평가하지 않는다는 사실, 그것은 구체성의 수준에 무관하게 위기의 징후라 하기에 모자람이 없다.

보건의료 분야의 중요한 3주체는 일반국민, 정부, 의료공급자이다. 이 주체들 모두가 현재의 보건의료에 대해 가지는 불만은 이미 위험수위를 넘어서고 있다. 일반국민으로서는 도저히 이해할 수 없는 의료공급자의 횡포와 여전한 경제적 부담에, 의료공급자는 부족한 사회·경제적 보상과 경영상의 어려움에, 그리고 정부는 급증하는 재정 부담과 국민의 불만에 시달리고 있다.

그러나 이러한 불만은 단지 밖으로 드러나는 위기의 증상에 지나지 않는다. 그것은 다른 모든 보건의료 문제와 마찬가지로 이러한 불만이 구조적인 데서 출발하기 때문이다. 여러 가지 문제가 나타나고 있다는 것 자체가 위기는 아니다. 진정한 위기는 문제의 연원이 구조적인데도 누구도 여기에 관심을 기울이지 않고, 따라서 그 구조를 바꾸려고 하지 않는다는 데에 있다. 근본을 그냥 둔 채로 여기에서 비롯되는 불만과 문제를 해결하려는 시도는 항상 실패로 돌아갈 수밖에 없다. 의료인들의 각성과 윤리회복 혹은 의료기관에 대한 감독 강화 등의 방법은 일시적인 대중요법은 될지언정 근치(根治)의 처방은 아니다.

2. 한국 보건의료의 구조적 성격

일반적으로 보건의료는 복잡한 특성을 갖고 있다. 어떤 부분은 복지 일반과 특성을 공유하기도 하고, 어떤 부분은 의료 자체의 고유한 특성이다. 흔히 의료가 복지와 공유하는 특성 중 하나라고 정의되는 것은 사회적 재생산 기능을 담당한다는 것이다. 그러나 한편으론 의료를 생산적 요소와 소비적 요소가 혼재된 것으로 규정하기도 한다. 이 생산적 요소라는 규정으로 인하여 의료가 일반 복지의 의미보다는 하나의 산업으로서 더 큰 위상을

갖는다. 즉, 이윤을 추구한다는 말이다. 결국 의료는 복지적 요소
와 비복지적 요소가 혼재해 있는 것으로 볼 수 있다.

이상덕

> 사회복지 전달체계에서 사회복지분야와 보건의료분야
> 의 주장이 상충되는 곳이 보건복지사무소라고 생각한다.
> 그래서 두 분야간의 주도권 논쟁을 어떻게 통합해나갈
> 것인가가 굉장히 중요한 쟁점이다.

김창엽

> 노인문제를 예로 들면, 앞으로 노인이 많아질 경우 보건
> 과 복지를 구분하기 어려워진다. 그 이유는 노인들에게
> 질병과 빈곤의 문제가 함께 있기 때문이다. 그래서 보건
> 복지사무소로 통합해야 한다는 논의도 있지만, 동사무
> 소 같은 현장에서 해온 일을 왜 중앙으로 집중시켜서 관
> 료화하느냐 하는 문제제기가 있다. 결국 지향하는 바가
> 무엇이냐에 초점을 맞추는 것이 중요하다. 보건의료의
> 관건은 건강문제의 공공성 회복이다. 그리고 국민이나
> 환자가 중심이 되어야 한다. 이러한 방향으로 의료에 대
> 한 철학이 근본적으로 바뀌어야 한다.

한편 복지가 상당히 지속적이고 구조적인 문제를 해결하기
위해 노력하는 것이라면, 의료는 상당히 긴급하고 즉각적인 반응
을 보여야 하는 경우가 많다. 또 의료에 대한 관심이 대단히 불연
속적이다. 우리의 생활과 긴밀히 연결되어 있지만, 질병으로 고
통받는 경우를 제외하면 보통의 일상생활에서는 큰 관심을 보이
지 않는다. 따라서 의료분야에 대한 문제를 사회적 이슈로 만들
기가 상당히 어렵다. 이러한 자체적 속성에 더하여 한국의 보건
의료는 실로 중요한 문제점을 안고 있다.

<표 1> 공공과 민간 부문의 병상수 변화 추이(단위: 개, %)

	1985	1990	1995
공공*	17,385(25.0)	24,068(26.0)	35,241(25.1)
민간	52,168(75.0)	68,658(74.0)	105,380(74.9)
계	69,553	92,726	140,621

* 공공부문에는 국공립, 특수법인, 지방공사, 사회복지법인 포함.
출처: 대한병원협회, 『전국병원명부』, 각년도.

한국의 보건의료를 규정짓는 가장 중요한 구조적 특성은 그것의 사적(私的) 성격이다(민간이라는 말을 피한 것은 소유주체의 문제와 혼동을 피하기 위해서이다). 예를 들어 의료시설의 양을 나타내는 대표적인 지표인 병원 병상수만 하더라도 전체의 약 75%를 민간이 차지하고 있어서 민간 우위의 정도가 전세계적으로 가장 높은 수준이다(<표 1> 참조).

사실 병상수의 비중이 중요한 문제는 아니다. 더 큰 문제는 굳이 사적 성격이라고 표현한 것처럼 병원시설의 소유 주체와 무관하게 어느 의료기관도 영리 추구와 무관할 수 없다는 것이다. 극소수의 국립병원을 빼고는 정부가 운영 주체가 아닌 데다가 별도의 직접적인 재정지원도 없다. 독일의 경우처럼 민간이 소유한 경우라도 자본투자는 정부가 하는 것도 아니다. 미국의 민간병원처럼 지역사회나 단체 조직이 재정 조달할 수 있는 자체적인 기제를 갖고 있지도 못하다. 따라서 거의 모든 의료기관이 정도의 차이는 있을망정 의료기관 운영을 위해 수익을 올리지 않을 수 없고, 이는 한국 의료의 사적인 성격을 불가피하게 하는 가장 중요한 원인이 되고 있다.

　　지나친 단순화의 가능성을 무릅쓰고 이야기하자면 우리가 현상적으로 보고 있는 모든 종류의 보건의료 문제는 바로 이러한 의료의 사적인 성격에서 온다고 해도 지나치지 않다.

　　예를 들어보자. 병원에서의 응급환자 기피문제는 국민들의 가장 큰 관심사라 할 만하다. 아무리 환자가 많은 대학병원에서도 만약을 대비하여 응급환자를 위해서 어느 정도 이상의 여분의 병상과 수술시설을 갖추는 것이 당연하다. 이것이 일반국민들의 정서이고 사회적 요구일 것이다. 그러나 평소에는 비어 있을 이런 여분의 병상과 시설에 대한 부담은 누가 해야 할까? 굳이 답을 이야기할 필요도 없다. 스스로 수익을 올려 운영을 해야 할 병원이 이것을 아무 조건 없이 부담하기를 기대하기 어렵다면, 그 부담은 사회 전체가 나누어야 한다. 이것이 의료가 가지는 공적인 성격이다.

　　또 다른 예도 있다. 일반국민들이 병원과 의료인에 대해 느끼는 큰 불만이 의사가 불친절하고 설명이 부족하다는 것이다. 충분히 납득할 수 있는 불만이다. 그러나 문제의 근본은 병원이나 의료인의 개별적인 자질과 자세에 문제가 있어서가 아니라는 점이다. 불친절과 설명부족의 원인을 따지자면 한 의사가 짧은 시간에 너무 많은 환자를 본다는 것이고, 너무 많은 환자를 봐야 하는 이유는 수익에서 자유로울 수 없는 의료기관과 의사의 사회경제적 처지로 귀결된다. 여기에서는 차별 없이 모든 환자에게 친절하고 자세하게 설명을 해야 치료에 도움이 된다는 공공의 논리는 설 자리가 없다.

　　난맥상을 보이고 있는 의료전달체계도 마찬가지이다. 동네의원은 나날이 줄고 영세해지는 반면 재벌기업까지 가세한 대형

병원의 위세는 한국의 보건의료체계를 유례없이 기형적인 것으로 만들어놓고 있다. 이 역시 일반국민과 의료인, 그리고 병원의 비윤리적이고 이기적인 자세를 탓할 일이 아니다. 사적인 성격의 한국 의료가 보일 수 있는 전형적인 발전방식이라고 해야 할 것이다. 중병이 아닌 가벼운 병은 집 근처 1차 의료기관에서 해결하는 것이 바람직하다는 공공의 논리는 경쟁력과 효율성으로 대변되는 대형병원의 자본주의적 운동방식 속에서는 살아남기 힘들다.

3. 보건의료에 대한 재인식

보건의료의 사적 논리는 의료기관의 운영이나 소유에 그치는 것이 아니다. 더 중요하게는 보건의료에 대한 사회적 정향성(orientation) 혹은 가치체계 속에 광범위하게 관철되고 있다. 사실 우리나라 보건의료의 사적 성격과 사회적 정향성은 어느 것이 원인이고 어느 것이 결과라고 할 수 없는 불가분의 관계에 있다.

보건의료를 사적 영역에 속하는 것으로 보는 사회적 정향성은 어느새 일반 국민들의 인식 속에서, 그리고 문화적으로 당연한 것으로 받아들여지고 있다. 병에 걸리면 으레 개인이 해결하는 것이 보통이고, 경제적인 부담도 개인이나 가족이 지는 것을 당연하게 생각한다. 여기에서 이러한 보건의료의 개인적 책임에 대한 역사적 연원을 구체적으로 살펴볼 여유는 없으나, 특히 전국민의료보험이 실시되기 이전에는 더욱 보건의료의 책임이 개인에게 있었다는 것은 부인할 수 없는 사실이다.

보건의료의 사적 지향성이 가장 직접적으로 나타나는 것은 의료의 질(quality)에 대한 무관심과 무시이다. 전세계적으로 의료의 질을 사적 영역에 맡겨두는 체계는 없다고 해도 과언이 아니다. 설사 보건의료에 대한 정부의 직접적인 지원이나 개입이 없는 경우에도 의료의 질에 대해서만은 국민의 건강보호라는 차원에서 강력한 감독과 개입이 이루어지는 것이 보통이다. 그러나 우리나라에서는 국민의 건강과 생명을 보호하는 핵심 요소인 의료의 질조차 민간의 손에 전적으로 맡겨져 있는 상황이다.

보건의료의 개인 책임이라는 정향성은 당연히 정책결정에도 영향을 미친다. 우리의 보건의료 예산 비중이 다른 나라―꼭

<표 2> 주요 OECD 국가들의 GDP 대비 부문별 정부최종소비지출(단위: %)

	연도	총지출	방위비	공공질서/ 안전유지	교육비	보건비	사회 보장비	주거비
한국	1994	10.6	3.3	1.3	2.7	0.2	0.6	0.2
일본	1993	9.7	0.9		3.2	0.5	0.6	0.7
오스트 레일리아	1993	18.2	2.2	1.3	3.8	3.1	1.0	0.3
프랑스	1990	17.9	3.0	0.8	4.6	3.1	1.4	1.1
독일	1990	18.3	2.2	1.5	3.5	5.6	2.2	0.3
그리스	1991	19.8	4.9		3.1	2.3	0.3	
스웨덴	1992	27.9	2.4	1.5	5.3	5.2	6.4	0.6
영국	1993	22.0	3.8	2.2	4.4	5.7	1.8	0.6

출처: 통계청, 『OECD 국가의 주요 통계지표』, 1996.

선진국이 아니어도-에 비교할 바 못 되는 것도 이러한 정향성이 예산배분이라는 정책결정에 강력한 영향을 미친 결과이다(<표 2>, <표 3>). 보건의료에 대한 미약한 국가의 책임은 당연히 개인의 부담으로 전가된다(<표 4>). 비슷한 경제수준의 국가들은 물론이고 몇몇 선진국에 비해서도 가계지출 중에서 의료비가 차지하는 비중이 높다. 한층 더욱 심각한 문제는 해가 갈수록 국가의 책임이 오히려 뒷걸음치고 있다는 것이다.

보건의료나 복지정책에서 볼 수 있는 이와 같은 일반국민과

<표 3> 주요 국가들의 중앙정부 예산 중 보건분야 지출 비율(단위 : %)

	1980	1993
한국	1.2	1.0
오스트레일리아	10.0	12.6
프랑스	14.8	16.1
독일	19.0	16.8
미국	10.4	17.1
영국	13.5	14.0
말레이지아	5.1	5.7
브라질	4.0	5.2
터키	3.6	3.0
태국	4.1	8.2
필리핀	4.5	3.0
이집트	2.4	2.1
스리랑카	4.9	5.2

출처: World Bank, 『*World Development Report*』, 1995.

<표 4> 주요 국가들의 가계소비지출 구성(단위 : %)

	연도	식료품	피복/신발	주거/광열/수도	가구/가사	보건의료	교통통신	교육/교양/오락	기타
한국	1994	29.7	4.0	12.3	6.9	6.3	13.2	12.5	15.1
일본	1992	20.1	6.2	20.2	6.1	11.0	9.8	10.3	16.3
프랑스	1992	18.6	6.1	20.0	7.7	9.8	16.1	7.6	14.1
미국	1992	12.0	6.1	18.3	5.9	17.5	13.6	10.2	16.5
스웨덴	1992	19.8	6.5	31.4	5.8	3.1	16.1	9.8	7.6
영국	1992	21.6	5.7	19.4	6.5	1.6	16.8	10.2	18.2
싱가폴	1992	18.7	7.1	10.2	8.9	4.6	14.5	14.5	21.5
멕시코	1992	33.6	7.1	12.8	10.4	4.2	12.2	5.2	14.6
홍콩	1992	15.6	22.2	15.3	13.3	5.8	10.3	8.2	9.2
인도	1991	54.1	10.0	9.8	4.3	2.3	11.5	3.8	4.2

출처: 통계청, 『OECD 국가의 주요 통계지표』, 1996.

정부의 (경우에 따라서는 의료기관이나 의료인도 포함해서) 정향성은 상당부분 보건의료가 가지는 사회적 가치를 잘못 인식하고 있기 때문에 생기는 것이다. 잘못된 인식의 요체는 보건의료를 생산적인 투자가 아닌 소비적인 것으로, 권리가 아니라 시혜로 보는 것이고, 이는 삶의 질과 사회의 균형발전이 아니라 GNP로 상징되는 외형적인 경제성장을 역사발전의 중심에 놓는 전도된 인식에 기초하고 있다.

삶의 질과 사회발전이 경제발전과 별개의 것이 아니라는 것은 이미 상식에 속하는 논리이다. 1970년대 초 OECD 국가들을 중심으로 생활의 질적 향상과 배분을 목표로 하는 사회발전의 개념이 제시된 이후 삶의 질을 추구하는 것은 국가의 기본적인 의무로 받아들여지고 있다. 따라서 의료 복지는 국민들이 기본적으로 누려야 할 사회적 권리 혹은 인간의 기본권으로서 인식되어야 한다.

그뿐만 아니라 삶의 질 논리를 그대로 받아들이지 못하고 반드시 경제성장의 연장선 위에서 생각하는 경우에도, 보건의료의 사회적 중요성은 줄어들지 않는다. 굳이 인적 자본(human capital)이라는 이론 틀을 빌리지 않더라도 건강한 삶과 노동의 중요성은 생산의 의미에서도 더할 나위 없이 중요하다. 그러한 의미에서 보건의료 혹은 이를 포함한 사회복지는 분명 사회적 하부구조(infrastructure)라 할 만하다.

제도나 정책의 실패로 인한 비용까지 고려하면 보건의료라는 사회적 하부구조는 단지 삶의 질뿐 아니라 직접적인 경제적 가치창출까지 포괄하게 된다. 비록 실패했지만, 미국 클린턴 행정부가 시도했던 의료개혁의 핵심은 사회적 하부구조로서의 의료제도 정비라고 해도 과언이 아니다. 잘못된 의료제도 때문에 미국산 차가 일본 차에 비하여 대당 550 달러의 비용이 더 든다는 미국 의료개혁위원회 보고서의 언급은 사회적 하부구조로서의 의료제도의 성격을 여실히 나타내고 있다.

지금 우리나라 경제의 발목을 잡고 있다는 소위 '고비용 저효율' 구조에도 사회적 하부구조로서의 보건의료가 한 자리를 차지하고 있다. 급격한 임금상승의 배경에는 사회적 틀로서 해결되지 않고 개인 가계에서 지출되어야 하는 필수적인 수요가 무시할 수 없을 정도로 크다는 사실이 있다. 특히 교육, 주택, 보건의료 등이 바로 그것이다. 따라서 복지 문제의 해결, 좁혀서 보건의료

문제의 해결은 만성적인 근로자의 '고비용' 구조를 해결하여 경제성장에도 직접적인 기여를 할 것이 틀림없다.

4. 보건의료의 구조개혁

한국 보건의료의 위기는 구조적 특성을 가지고 있고, 부실한 사회적 하부구조로서의 모양을 드러내고 있다. 위기는 그것이 물적 토대와 정신적 지향성의 모든 부문에서 견고하게 구조화되어 있다는 점이다. 따라서 한국 보건의료의 문제를 해결하는 것은 환원주의적 인식이라는 비판을 고려하더라도 다분히 우리 사회 전반의 문제해결 방식에 닿아 있다고 할 수밖에 없다.

유감스럽게도 한 사회 전체의 구조와 그 성격이 구체적으로 보건의료 분야에 어떻게 관철되고 실현되는지에 대한 해명이 충분하지 않은 것이 사실이다. 그렇다 하더라도 이것이 문제 해결을 위한 보편적 접근방식을 무용하다고 할 근거는 되지 않을 것이다.

그러나 여기에서는 논의의 성격상 거대담론보다는 보건의료 문제를 해결하기 위한 혹은 사회적 하부구조 정비를 위한 구조개혁에 더 관심을 둔다. 전체적인 차원에서의 구조개혁은 논외로 하고 관심을 보건의료 분야로 돌리는 경우에도 구조개혁의 목표는 분명히 존재하기 때문이다.

구조개혁의 일차적인 목표는 공공의료의 강화와 더불어 영리 추구를 매개하고 있는 보건의료 기관과 인력의 경제적 유인기제를 근본적으로 개편하는 것이다. 공공의료의 강화는 시설과 예산의 측면에서 새삼 복잡하게 논의할 필요도 없으나, 우리나라의 보건의료가 단시간에 공공의료 위주로 전환하는 것은 쉬운 일이 아니다. 이러한 점에서 공공의료 위주의 의료체계와는 차원이 다르기는 하지만 경제적 유인기제의 개편이야말로 가장 단기적이고 직접적인 것이 될 만하다. 특히 민간의료 위주의 의료체계 안에서 최소한의 공공성을 확보하는 수단이 될 수 있다.

경제적 유인기제의 개편, 우리는 그것을 '진료비 지불제도'의 개편이라고 부를 수 있다. 현재 모든 보건의료 서비스에 대하여 일일이 값을 매기고 진료비를 지불하는 방식—이른바 '행위별 수가제(fee for service)'—에서 벗어나 의료의 공공성을 보장하는 쪽으로 새로운 체계를 마련하는 것이야말로 이 개편의 핵심이 될 것이다. 이것의 구체적인 내용에 대해서는 다른 기회로 미루겠지만, 현재 눈앞에서 벌어지는 보건의료의 위기를 해소할 핵심전략으로서의 중요성에 모든 주체가 주목할 필요가 있다.

구조개혁의 목표를 찾고 이에 동의하는 경우에도 여전히 과제는 남는다. 무엇을 계기로 어떤 힘에 의해 구조개혁의 추진력을 얻을 수 있을 것인가. 만약 구조개혁의 계기로 보건의료의 문제 심화와 파탄을 상정한다면 그것은 대단히 소극적이고도 냉소적인 대응방식이다. 그렇다고 자연스럽게 변화의 계기가 주어질 가능성도 매우 적어 보인다. 당장은 보건의료계 내부 혹은 정부가 변화의 촉매가 될 것이라고 기대하기도 힘들다.

그렇다면 가능성의 단초를 일반국민, 소비자, 환자에게서 찾을 수밖에 없다. 그러나 현재로서는 개혁할 준비와 역량, 그리고 동기를 충분히 갖추고 있지 못하다는 점에서 보건의료 내부, 정부와 일반 국민이 다를 바가 없다. 종래의 '개인주의적' 보건의료와 복지 개념에서 조금도 벗어나지 못하고 있기 때문이다. 그렇다면 국민이 변화의 매개가 되는 것도 목적의식적인 노력에 의해서만 가능할 것이다.

일반국민과 소비자가 놓은 변화의 주춧돌은 조직화된 노력에 의해서만 현실화될 수 있다. 조직화된 노력의 일차적인 내용은 크게 두 가지 분야로 좁혀 볼 수 있을 것이다. 하나는 보건의료 내부의 전문주의와 정부의 무관심에 대하여 압력을 행사하는 것이고, 또 다른 하나는 보건의료의 바람직한 지향성을 새로 생산하고 이를 확산시키는 것이다.

새로운 지향성이란 보건의료의 '상품적 요소'를 최소화하고, 공공의 논리를 기초로 사회적 연대를 강조하는 것이 되어야 마땅하다. 이러한 관점에서 보면 보건의료의 문제는 더 이상 개별적인 문제에 머무르지 않는다. 정치와 이념의 영역에 폭넓게 걸쳐 있는 것이 된다. 그렇다면 보건의료의 바람직한 발전은 이러한 정치적·이념적 발전과 무관할 수 없다. 아니 어쩌면 가장 크게 의존할 가능성이 크다. 각론의 영역에서 개선 노력과 더불어 끈질기고도 치열한 '정치적 운동'이 필요한 이유가 이것이다. 작게는 시민운동의 영역에서 보건의료의 새로운 가치체계와 사회적 의미를 창출하고 전파하는 것부터 크게는 정치와 정책의 영역에 이르기까지 작지 않은 노력이 필요할 것이다.

5. 글을 맺으며

사회적 하부구조가 부실하면 경제의 성장과 사회 전반의 발전에 한계가 있다. 어느 수준 이상으로 나아가지 않는 것이다. 우리가 당면하고 있는 사회적 위기의 현주소는 바로 이 지점일 것이다. 이 문제를 해결하지 않고는 아마도 선진국 진입은 불가능할지도 모른다.

사회적 하부구조의 구축은 항상 미래지향적이고 불확실하다. 움직이는 목표물을 향해 겨누지 않으면 결코 목표물을 맞출 수 없는 것이다. 지금 주위에서는 도로가 막힌다고, 그래서 물류(物流)비용이 엄청나게 발생한다고 한다. 그러나 이를 해결하는 방법으로 사통팔달 도로를 뚫고 철도망을 정비하는 것은 이미 늦었다. 그것은 진작에, 수십년 전에 계획되고 진행되었어야 할 일이다.

그래서 "여유가 없다" 혹은 "우선순위가 처진다"는 말은 사회적 기반구조에 관한 한 해서는 안될 말이다. 반드시 미래에 값비싼 대가를 지불하게 되기 때문이다. 바로 '지금'부터 시작하지 않는다면 필연적으로 고비용의 의료제도 등 부실한 보건복지를 초래하게 될 것이다. 이는 멀지 않은 장래에 사회적 연대의 붕괴와 삶의 질 저하라는 재앙으로 되돌아올 것이다. 이러한 재앙을 막는 일은 어느 누구의 개인적인 책임이라 할 수 없다. 사회 구성원 모두의 책임이고 의무이다. 보건의료와 복지에 대한 근본적인 인식틀의 대전환이 필요한 시기이다.

주택문제의 현황과 과제

서종균
한국도시연구소

1. 서론

우리나라에서 주택문제는 주택의 공급 확대를 통해 해결될 수 있는 것이라고 여겨왔다. 하지만 최근 주택 200 만호 건설을 비롯한 주택공급 확대에 따라 미분양사태가 발생하고 있으나 주택문제가 별로 개선되었다고 느껴지지는 않는다. 또 평균적인 주거수준은 계속 향상되고 있다고도 볼 수 있으나, 중상위계층의 주택 과소비와 저소득층의 주거 빈곤양상이 계속되고 있고, 계층 간의 격차는 더욱 심화되고 있는 것으로 보인다.

주택이 사람이 살아가는 데 기본적인 것임을 부정할 사람은 없다. 하지만 이 기본적인 문제를 어떻게 풀 것인가에 대한 해답은 다를 수 있다. 국가가 주택문제에 개입하는 방법이나 정도는 나라마다 다르게 나타나고 그 내용도 시간에 따라 변화한다. 그러나 주택시장에 대한 국가의 개입이 권력자의 선의에 의한 것이라기보다는 주택을 둘러싼 사회적 갈등에 대응하고 사회가 필요로 하는 노동력을 원활하게 재생산하기 위한 것이라는 점에서는 큰 차이가 없다. 주택정책은 이와 같이 사회운동의 발전과 사회변화 속에서 이해할 수 있다.

이러한 발전과정에서 주거권이라는 개념이 형성되었다. 주택이 권리라는 의식이 생긴 것이다. 이 개념은 1996년 유엔 인간정주회의(HABITAT II)를 통해 국제사회에서 널리 사용되기에 이르렀다. 주거권은 현재 우리의 상황 속에서 중요한 의미를 가질 수 있다. 주택공급을 확대하기 위해 만들어진 투기장은 기본적인 주거수준이 제공되지 않는 주거빈곤의 문제, 주택소비의 격차가 커지고 주택으로 인한 계층간 불평등이 심화되는 문제 등을 낳고 있다. 주거권이라는 새로운 인식은 근본적으로 다른 접근을 가능하게 한다. 주거권은 또 권리 주체의 형성을 의미하는 조직화를 통해 국가정책을 변화시키는 중요한 수단이 될 수 있을 것이다.

이 글은 기존의 주택정책을 비판적으로 검토하고 새로운 시각에서 중요하게 다루어야 할 과제들을 제시하기 위한 것이다. 이러한 목적에 따라 글은 크게 두 부분으로 구성되어 있다. 전반부는 주택정책의 성격과, 이와 관련하여 주택사정이 어떤 변화를 겪게 되는지를 살펴본다. 후반부는 새로운 관점에서 주목해야 할 부분들을 소개한다. 최저주거기준, 사회주택, 임차권이 그것이다. 이들은 주거권이라는 개념을 구체적으로 실현해가는 중요한 매개들이기도 하다.

2. 주택정책과 주택사정

1) 주택정책의 성격

1960년대 이후 한국 사회에서 주택문제는 주로 '공급 부족의 문제'로 여겨져왔다. 이에 따라 주택정책의 목표는 주택공급 확대에 맞추어졌다. 그동안 짧지 않은 시간이 지났고, 이와 함께 주택사정도 많이 바뀌었다. 하지만 주택문제에 대한 인식과 주택정책의 목표는 크게 달라지지 않았다.

주택정책의 성격은 정책의 기준을 무엇으로 삼는가에서도 나타난다. 주택보급률이라는 단일하고 총량적인 지표가 정책의 목표이자 정책을 평가하는 잣대로 사용되었다. 주택보급률을 얼마로 올리기 위해서 주택 몇 호를 지어야겠다는 것이 정책의 요지였고, 주택보급률이 올라가면 주택문제는 그만큼 완화될 것으로 여겨졌다. 1972년부터 10년 단위로 만들어진 국토에 대한 가장 상위 계획인 국토종합개발계획에서나 1962년부터 시작된 경제 사회발전계획에서 주택보급률을 높이고 주택공급을 확대하는 것은 가장 중요한 주택정책의 목표였다.

이러한 정책목표에서 약간의 변화가 나타난 것이 1980년대 말 주택위기 상황에서 제시된 주택 200만호 건설계획이다. 주택공급의 확대와 더불어 최초로 계층별 주택정책적 대응이 나타나기 시작했는데, 소득 1분위 계층을 대상으로 한 영구임대주택 등이 그것이다. 이러한 변화는 매우 획기적인 것으로 여겨졌다.

하지만 이러한 변화 경향은 지속적으로 발전하지 못하고 오히려 후퇴하고 있는 것으로 느껴진다. 소득계층별 주택공급체계는 저소득층에 대한 정책이 후퇴하면서 그 형태가 모호해졌고, 정책 수립이나 평가에서도 분명한 계층별 목표나 효과에 대한 논의는 사라졌다. 그후 수립된 신경제 5 개년계획의 경우 93 년부터 97 년까지 주택을 매년 55 만호에서 60 만호씩 건설하여 보급률을 89.9% 까지 높이겠다는 주택공급 확대가 가장 중요한 정책목표로 등장했고, 나머지 정책목표들은 주택공급을 원활하게 하기 위한 시장활성화, 택지 공급 등과 같은 수단적인 것이다. 여기서 계층적 고려, 특히 저소득층을 위한 주택정책은 크게 후퇴했음을 알 수 있다. 최근 '국가경쟁력 강화를 위한 국토개발'에서 제시된 정책과제에서도 이러한 성격은 크게 다르지 않다.

비교적 최근에 제시된 이 두 계획에는 이전과 구분되는 몇 가지 특징이 있다. 먼저, 민간임대주택 건설을 촉진하겠다는 정책내용을 제시하고 있다. 이는 공공임대주택 대신 임대주택산업을 통한 임대시장을 확대하겠다는 것이고, 이렇게 공급되는 주택은 자가소유주택으로 전환될 것을 기대하고 건설되기 때문에 안정적인 저소득층용 주택재고로 기능하기 어렵다.

둘째, 신도시 건설 이후 주택 건설을 계속해서 수도권에 집중되고 있고, 이를 효과적으로 지원하기 위해 수도권 택지 확보가 중요한 정책과제로 등장했다. 이는 지방도시나 소규모 단지를 중심으로 나타난 미분양 건설업체의 요구를 수용한 것이면서, 수도권 집중 억제에서 방치로 변화해가고 있는 무책임한 국토공간 정책의 한 단면을 보여주는 것이기도 하다.

60년대부터 현재까지 계속되고 있는 주택공급 확대책은 점유형태에서는 자가를 촉진하는 방법으로, 주택시장과 관련해서는 투기적 성격을 강화하는 방식으로 이루어졌다. 이러한 방법이 선택된 것은 주택공급에 직접 투자하는 재원은 가급적 줄이면서 주택공급은 늘리려는 경제적 논리 때문이다.

자가 위주의 정책 속에서 부분적으로 임대주택에 대한 정책도 이루어졌다. 1982년 임대차보호법이 만들어지고, 그 이후 임대주택건설촉진법, 임대주택법 등이 추가로 제정되었다. 하지만 이들 정책은 임차가구의 주거안정을 기하기에는 한계가 있었다. 대부분의 민간임대주택의 주거안정을 위한 규정은 매우 미흡한 상태이며, 그나마 있는 규정들은 민간임대주택에 대해 효력을 미치지 못하고 있다. 민간임대주택은 5년의 임대 의무기간이 지나면 양도세를 물지 않고 판매가 가능한 효율적인 자산투자 수단으로 전환되고, 5년간 임대되는 공공부문의 임대주택도 자가구입 수단으로 여겨지고 있다. 다시 말해 대부분의 임대주택이 자가 위주의 투기적 주택정책의 성격을 그대로 가지고 있는 것이다.

2) 주택사정

다음으로 주택사정은 어떤 변화를 겪어왔는지 살펴보기로 하자. 여기서는 주택부문에서 자주 사용되는 주요 지표들의 변화 추세를 통하여, 최근의 주택사정이 어떻게 변화했는가를 볼 것이다. 이 과정에 필요에 따라 지표가 가지고 있는 문제점이나 한계에 대해서도 언급하기로 한다.

주택사정을 파악하는 데 가장 널리 이용된 기준은 주택정책의 기준이기도 했던 주택보급률이다. 우리나라의 주택보급률은 1980년대 중반까지 감소하는 추세를 보이다가 이후 상승세로

접어들었고, 1990년에서 95년 사이에는 주택공급의 확대로 급격한 증가를 보였다.

원칙적으로 주택보급률은 주택을 필요로 하는 가구수와 비교하여 주택이 얼마나 공급되었는가를 보여주는 것이다. 그런 의미에서 주택정책의 중요한 한 잣대인 것은 분명하다. 그런데 우리나라의 경우 주택보급률은 주택사정을 나타내주기에는 부족한 점이 많다. 주택보급률은 주택수를 가구수로 나누는 것인데, 가구와 주택에 대한 정의에 문제가 많기 때문이다. 엄연히 한 주택을 차지하고 있는 단독가구를 가구수에서 제외하는가 하면, 거주에 비해 소유의 개념 위주로 주택수를 계산하기 때문에 5세대 정도가 거주하는 다가구주택이 단독주택 1호로만 취급되고 있다. 때문에 주택보급률이 정책이나 주택사정을 나타내는 지표로 이용하는 것을 경계해야 한다는 비판이 많다.

이러한 문제점은 주택보급률을 주택사정의 변화를 보여주는 지표로 사용하기도 어렵게 만든다. 주택보급률이 높아지면 일반적으로 주택사정이 좋아진다고 생각할 수 있다. 하지만 현재와 같은 지표로는 그렇지 않은 경우도 발생할 수 있다. 예를 들어 단독주택은 없어진 대신 아파트가 많이 들어서서 주택보급률이 올라간 도시의 경우 주택보급률은 높아졌다고 하더라도 아파트 한 호에 한 가구가 거주하는 주거단위로 계산할 경우 전반적인 주거사정은 나빠진 것이 된다. 특히 부분임대로 세를 살아가던 가구의 주거사정은 더 나빠질 수도 있다. 주택보급률과 같은 총량적 지표는 이러한 계층별 주택사정은 보여주지 못한다. 다시 말해 주택보급률은 주택이 얼마나 문제가 되는지를 보여주기에는 매우 불충분한 지표인 것이다.

주택보급률과 함께 주거밀도를 나타내주는 한 가구 또는 한 사람이 사용하는 방수나 면적 등도 주거수준을 가늠하는 평균적인 지표로 자주 이용되고 있다. 이러한 지표는 그동안의 주택공급 확대가 총량적인 면에서 상당한 성과를 가져왔음을 보여준다. 이에 대해서는 이후에 보다 상세히 다룰 것이다.

주택공급이 확대되면서 주택보급률이 높아지고 또 정부의 자가 촉진책이 계속되었다. 그러나 자가 촉진책이 실제 자가소유 확대에는 크게 기여하지 못했다. 1990년까지는 자가의 비율이 계속 감소해왔고, 주택공급이 급격하게 진행된 이후인 1995년에는 다소 자가율이 높아졌다. 그런데 1990년에서 95년 사이의 증가 추세도 당시 주택공급 증가에 비하면 큰 성과로 보기는 어렵다. 전국의 주택보급률이 13.7% 높아진 것에 비해 자가보유율은 3.4%가 높아졌고, 서울의 경우 주택보급률 9.24% 상승한 것에 비해 자가보유율은 1.9% 밖에 증가하지 않았다.

자가보유율이 높은 것이 반드시 주택시장이 안정되었다거나 주택사정이 좋다는 것을 의미하지는 않는다. 보통 다른 나라들에서는 자가비율이 높지 않은 것이 큰 문제가 되지 않는다. 그러나 우리나라의 경우 주택가격이 지속적으로 상승해왔고 자가소유에 대한 열망이 매우 강한 것을 고려하면, 자가소유가 늘어나지 않는 것은 주택을 소유하는 것이 그만큼 어렵기 때문이라고 볼 수 있다. 특히 임대주택부문이 안정적이지 못하고 정책적인 통제력도 잘 미치지 않는 점을 고려하면, 그동안의 자가중심의 정책은 자가를 통한 주거안정도 달성하지 못하면서 절반에 가까운 임대가구를 정책적으로 방치한 것이라고 할 수 있다.

지난 30여년 동안 우리의 주거생활은 급격한 변화를 겪었다. 이런 변화를 단적으로 보여주는 지표들이 주택의 형태나 내부시설의 변화이다. 생소하게 여겨지던 아파트가 보편화되었고 이에 따라 주거생활도 많은 변화를 겪었다. 아파트 건설은 70년대 중반부터 급격히 증가하기 시작했고, 80년대에는 대형 건설업체의 대규모 주택건설사업이 일반화되면서 아파트의 비중은 더욱 커졌다. 또 1980년대 말부터 다세대 다가구주택의 건설이 급격히 늘어났는데, 다세대주택의 경우 하나의 주거단위가 한 호로 계산되지만 다가구주택은 다세대주택과 형태상 큰 차이가 없음에도 불구하고 한 호의 주택으로 계산되지 않고 있어 주택사정을 파악하기 어렵게 하고 있다. 서울시의 경우 1992년에서 95년 사이에 다가구주택이 53,230호 건설되었는데, 주거단위는 281,410호가 공급되었다고 하고, 이것은 서울시에서 공급된 전체 주거단위의 45%에 해당하는 것이다.

최근 주택공급이 늘어남에 따라 전체 주택재고 중에서 건축 후 얼마 되지 않은 주택이 차지하는 비중이 높아졌다. 1995년 현재 90년 이후 건설된 주택의 비중이 전국은 38.7%, 서울은 31.8%에 달하고 있다. 그런데 여기서 오래된 주택의 비중이 매우 낮게 나타나는 것도 주목할 필요가 있다. 서울의 경우 90% 이상이 건설된 지 25년 이내인 주택이다. 서울의 오랜 역사와 비교하면 매우 급격한 주택 감실이 이루어지고 있음을 뜻하는 것이다. 1970년 이전에 주택건설 수준을 고려하면 전혀 이해하기 어려운 것은 아니지만, 현재와 같이 아파트 수명이 20년 정도에 불과하고 주택을 철거하고 새로 짓는 것만을 능사로 여기는 상황이 만들어낸 것임을 고려하면 주택의 보존과 관리, 기존주택의 효율적 활용, 정체성 있는 근린이라는 관점에서 다시 생각할 필요가 있다.

1990 년까지 급격히 올라가던 주택가격이 그 이후 상당 기간 안정세에 접어들었다. 1995 년 말부터 다소 오름세를 보이고 있기는 하지만, 그 영향을 예측하기는 어렵다. 하지만 이 기간에도 전세가격은 1990 년에서 95 년 사이에 20.7% 가 올랐다. 주택가격과 전세가격 상승은 주택을 구입하거나 임대하려는 사람들에게도 부담이 될 뿐만 아니라 주택정책의 중요한 관심사이다.

주택사정을 보여줄 수 있는 지표에는 이보다 훨씬 많은 것이 있다. 하지만 전반적으로 이러한 지표들은 소득수준을 비롯한 여러 가지 기준의 계층별, 여성이 가장인 가구와 같이 가구특성별로 세분화된 정보를 제공하지는 못하고 있다. 주택이 여러 가지 계기를 통해 불평등과 차별의 원인과 결과가 될 수 있다는 점을 고려한다면, 이러한 기준에 의한 자료의 정리는 매우 필요하다.

3) 주택문제의 구조적 성격

이상과 같은 주택정책의 전개와 주택사정을 종합하면, 우선 우리나라의 주택정책은 지속적으로 주택공급을 확대하는 것에 목표가 두어졌다. 하지만 1980년 후반 주택위기 이전까지 주택에 대한 투자는 주택문제의 심각성에 비해 낮은 수준에 머물렀다. 그런데 1988년부터 시작된 주택 200만호 건설 이후 주택에 대한 투자는 이전과 분명한 구분을 보일 정도로 증가했다. 이러한 주택정책과 특히 최근의 주택 대량공급으로 총량적 평균 주택사정은 빠른 속도로 향상되고 있다. 최근 수년간 그 변화가 더욱 급격하게 나타났다.

하지만 여기에는 몇 가지 문제점도 확인된다.

먼저, 주택공급 확대를 위해 투기적인 시장구조가 형성되었고, 이로 인해 여러 가지 문제가 야기되고 있다는 점이다. 정부의 재정 투자를 최소화하면서 주택공급을 확대하기 위해서는 민간자본의 주택건설을 지원해야 했다. 정부는 신규 주택에 대한 투기적 시장을 조성하는 방식으로 주택수요를 확보하고, 주택금융기금을 조성하였으며, 주택건설에 필요한 여러 가지 지원을 했다. 투기적인 주택시장은 한편으로는 과소비를 조장하고, 다른 한편으로는 불평등과 주거빈곤의 문제를 심화시켰다.

둘째, 자가 위주의 정책이 수행되면서 주택임차인의 문제는 상대적으로 무시되었고, 이러한 무관심으로 인해 임대주택의 문제는 더욱 심화되고 있다. 자가 위주의 정책 속에서도 임차가구의 비중이 계속 커지고 있고, 이들은 주택가격이 하락하는 시기에조차 전세가 상승으로 인해 어려움을 겪어야 했다. 1980년대에 들어와서 임차가구의 주거불안정이 심화되면서 임대주택에 대한 제도적 조치들이 도입되었지만 효과적이지 못한 것으로 나타났다. 또 공급되고 있는 임대주택의 상당수는 투기적인 시장구조에 의존하고 있고, 안정적인 임대주택시장을 형성하기 위한 것은 아니다.

셋째, 대도시를 중심으로 주택가격과 임대료가 지속적으로 상승하고 있고, 이에 대응하기 위한 대도시 중심의 주택공급 확대가 반복되고 있다. 이러한 주택공급은 인구집중을 가속화하여 또 다시 주택위기를 초래할 가능성이 크다. 1991년부터 주택의 대량공급에 힘입어 주택매매가격이 5년 정도 안정되었지만, 최근에 와서는 다시 주택가격 상승 경향이 나타나고 있고 수도권을 중심으로 주택의 대량건설이 기획되고 있는 것은 바로 이러한 악순환 때문이다. 그런데 주택가격과 임대료 상승으로 인한 주거비 부담은 저소득층에게 더 크게 나타나고 있고, 이는 문제를 더욱 심각하게 만들고 있다.

이러한 주택문제의 특성은 현재와 같은 주택정책과 주택사정이 구조적인 관계를 가지고 있다는 것을 보여준다. 따라서 문제를 해석하고 대응하는 자세의 혁신적인 변화가 필요하고, 이를 기초로 정책과 시장에 대한 구조적인 개혁이 있어야 할 것이다. 다음으로 이러한 접근에서 주목해야 할 것으로 보이는 몇 가지 정책과제와 그 내용을 언급하도록 한다.

3. 최저주거기준의 설정 : 주거빈곤 대책의 출발점

1) 주택정책의 가장 중요한 과제는 주거빈곤

우리나라의 1인당 거주면적은 1975년 8.2㎡에서 1995년 17.1㎡로, 1인당 사용하는 방수는 1975년 0.42개에서 1995년 0.91개로 증가했다. 이런 주거수준의 향상은 주택공급이 늘어나고, 특히 큰 규모의 신규 주택이 많이 지어졌기 때문이다. 건설되는 주택의 평균 규모는 1981년 20.8평(68.8㎡)에서 1989년에는 31평(102.5㎡)으로 커졌는데, 참고로 다른 나라의 평균 주택규모를 보면 일본이 24.3평, 스웨덴 27.6평, 싱가포르 19.6평, 영국 25.9평 등이다. 큰 규모의 주택이 공급되면 평균 주거수준의 향상은 쉽게 이룰 수 있다. 하지만 효율적이고 정당한 주택부문에 대한 투자가 이루어졌다고 보기 어렵다.

우리나라의 신규 주택규모가 크다는 사실은 주거빈곤이 아직 광범한 상황을 고려하면 정당화되기 어렵다. 4인 가족 기준으로 방 2개를 사용하지 못하거나 독립적인 화장실과 부엌이 없는 주택에 살고 있는 가구가 서울에만도 20만 가구를 넘고, 전국적으로는 70만 가구 이상일 것으로 추정된다. 또 온수시설이 없는 가구가 25% 나 된다.

경험적으로도 대도시와 주변지역에는 달동네 무허가주택, 비닐하우스나 판자로 지어진 신생 무허가주택, 공단과 역 주변의 벌집 혹은 닭장집, 지하단칸방 등 물리적 특성만으로도 사람들이 거주하기에 적합하지 않은 여러 유형의 집들이 있다. 이러한 기준 이하의 주택에 살고 있는 사람들은 일조시간, 조명, 습기, 곰팡이 등 위생상태, 환기, 차음, 사생활 등에서 기본적인 조건이 충족되지 않은 경우가 많다. 또 이러한 곳에서 거주하는 사람들은 대개 소득수준이 낮을 뿐만 아니라 가구 혹은 인구학적 특성상으로도 노인, 장애인, 편부모 가구, 여성가장 가구, 소년 소녀가장 가구, 환자 등과 관련되어 있다.

이와 같은 주거빈곤의 문제가 특별한 대책도 없이 방치된 상태에서 큰 규모의 주택이 들어서고 평균적인 주택사정이 나아지는 것만으로 주택문제가 완화되고 있다고 보기는 어렵다. 주거빈곤의 상태가 완화되지 않고 평균적인 주택사정이 나아진다면 그것은 주거불평등을 심화시키는 것이라고 말할 수 있다. 우리 사회가 이제 본격적으로 관심을 기울이지 않으면 안될 분야는 평균적인 주거수준을 향상시키는 것보다는 바로 주거빈곤을 해소하는 것이다. 주택정책에서 주거빈곤의 문제가 제대로 고려되지 않는다면 그 정책의 정당성은 인정되기 어렵다.

주거빈곤문제에 대응하기 위한 정책은 최저주거기준을 설정하는 것에서 시작된다. 최저주거기준을 설정하면 먼저 주거빈곤상태에 있는 사람이 얼마나 되는가를 보여줄 수 있다. 또 사회적으로 보장되어야 할 최저주거기준의 설정과 그 기준 이하의 주거빈곤에 대한 파악은 주거빈곤에 대한 대책을 만들 수 있게 한다. 모든 사람이 적정한 수준의 주거를 제공받을 권리가 있음을 의미하는 주거권은 바로 국가와 사회가 최저주거기준 이하의 가구에 대해서 주거를 제공하는 의무를 감당할 때 비로소 달성될 수 있다.

2) 최저주거기준의 성격과 내용

우리나라에는 아직 최저주거기준이 설정되어 있지 않다. 그런데 최근에 와서 이를 마련하고자 하는 노력이 이루어지고 있다. 지방자치가 실시되면서 주민들의 삶의 질에 대한 많은 관심을 보이고 있는 지방정부에서 이러한 변화가 파악된다. 하지만 아직 중앙정부의 의지가 상대적으로 미약한 상태이고, 정책적인 활용에 관한 논의도 매우 제한적인 수준에 머물고 있다. 여기서는 이러한 최저주거기준의 내용과 성격에 대해 간단히 소개하고, 의미와 활용에 대해서 몇 가지 의견을 제시할 것이다.

최저주거기준은 사람 중심의 정책기준을 만드는 것을 의미한다. 우리나라에는 주택규모에 대한 기준으로 국민주택규모라는 것이 있다. 민간은 18평 이하, 공공은 25.7평 이하의 주택에 대해서는 택지공급이나 건설자금 융자 등 주택건설에서 유리한 조건을 제공하는 것이 그것이다. 또 이렇게 건설된 주택은 주택 청약가입자를 대상으로 무주택자, 해당 지역에 오래 거주한 사람들에게 우선적으로 분양하고 있다. 이밖에도 영구임대주택의 경우 9~15평, 근로자주택은 12~15평, 공공임대주택은 15~18평으로 건설하도록 하는 규모에 대한 기준이 있다.

이러한 기준은 소형주택 건설을 촉진하려는 취지에서 만들어진 것이다. 하지만 국민주택규모 18평과 25.7평은 분양 평수로 환산하면 24평에서 33평형에 이르는 중형 아파트이다. 저소득층을 소형주택 건설이라는 정책목표에 따라 바로 이러한 주택에 대한 지원이 강화되었던 것이다.

또 하나 주목할 점은 이런 기준이 물리적인 면적만을 대상으로 하고 있다는 점이다. 여기서 구체적으로 한 가정의 주거상태에 어떤 문제가 있고, 그것에 대해서 어떤 조치가 필요한지는 고려되지 않는다.

이와 같이 지금까지의 주택정책은 주택을 중심으로 이루어졌지, 주택에 살고 있는 사람을 중심으로 만들어진 것이 아니다. 주택을 중심으로 한 기준은 저소득층은 가구특성에 관계없이 작은 집에 살아야 하고 그럴 능력도 없는 사람은 배제해버리는 경제적 기준이기도 하다. 이러한 물리적·경제적 기준과 달리 가구원수나 가구의 생애주기상의 특성 등을 고려하여 설정되는 최저주거기준은 사람 중심의 기준이다.

따라서 이러한 기준에는 몇 가지 핵심적인 내용이 포함되어야 한다. 먼저 가구 구성의 특성을 고려한 방수 및 면적기준이 마련되어야 한다. 여기에 생활에 기본적으로 필요한 주거시설이 갖추어져야 하고, 기본적인 생활을 가능하게 하는 생활환경이 조성되어야 한다는 내용도 포함한다.

최저주거기준에는 주택면적만이 그 내용으로 포함되는 것은 아니다. 면적 이외에도 먼저 방당 거주인수나 분리 취침이 필요한지 여부를 고려하여 방수가 결정되어야 할 것이고, 화장실과 부엌 등은 독립된 가구가 필요로 하는 최소한의 주거시설에 포함되어야 한다. 노후 불량의 정도, 안정성 등도 주거수준에 중요한 영향을 미칠 수 있고, 따라서 이 또한 최저주거기준에 포함되어야 할 내용들이다. 또 구조적 위험, 위생문제, 재해의 위험 등이 있는 주택은 최저주거기준에 미달하는 것으로 판단된다.

또한 최저주거기준은 주거에 영향을 주는 주택 외부의 환경도 고려하지 않으면 안된다. 소음이나 대기오염 등과 같은 공해로 인해 주거환경이 악화되지 않아야 하고, 주거지역은 위생이나 안전상의 위해한 상황이 발생할 위험에서 벗어나 있어야 한다.

이러한 내용들 이외에도 최저주거기준에는 보다 특수한 배려도 고려되어야 한다. 모든 사람이 적정한 주거수준을 향유할 수 있으려면, 최저주거기준은 주택에서 살아야 할 사람들이 누리는 서비스를 고려할 필요가 있다. 예를 들어, 장애자가 있는 가구나 노인가구 등에 대해서는 특별한 고려가 필요하고, 이들의 조건을 고려한 특수한 기준을 설정하는 것이 바람직하다.

3) 최저주거기준의 활용과 의의

이와 같은 최저주거기준은 여러 가지로 활용될 수 있고, 중요한 의의를 갖고 있다.

첫째, 주택정책적 차원에서는 정책에 분배적 성격을 부여한다는 의미를 갖는다. 최저주거기준은 한 사회가 책임져야 할 주거상태이고, 기본적인 삶의 조건으로 주거를 보장하는 것을 국가의 의무로 명시하는 것이다. 최저주거기준 이하의 주거빈곤의 문제를 해결하는 것은 국가의 의무가 되고, 이 문제를 해결하는 것이 주택정책의 핵심적인 내용이 될 것이다.

둘째, 최저주거기준은 사회구성원이 자신의 주거권을 주장할 수 있는 근거가 된다. 최저주거기준을 만들고 그것을 주장하는 것은 주거를 권리로 인식해가는 첫걸음인 것이다. 또한 최저주거기준의 설정과 그 내용은 전문적인 것이기 쉽지만, 이를 구체화하고 여러 부문에서 활용하는 것은 다른 정책들과 마찬가지로 사회 세력관계에 의해 조건지어질 수밖에 없다. 따라서 최저주거기준은 주거에 대한 권리의식, 즉 주거권의 성장과 맞물려서 발전해갈 것이다.

셋째, 최저주거기준은 주거사정을 개선하는 데 다양하게 활용될 수 있다. 최저주거기준 이하의 주택에 대해서는 주거수준을 끌어올리고 그 수준 이하로 주거환경이 나빠지지 않도록 하는 데 활용될 수 있다. 예를 들어, 최저주거기준은 임차인의 주거환경이 나빠지지 않도록 임대된 주택의 수선을 명령할 수 있는 근거로 이용될 수 있고, 또 최저주거기준은 불량주거지역에 대한 주택재개발사업을 실시할 때에도 합리적인 판단의 근거를 제공할 수 있다.

4. 사회주택의 확대

1) 영구임대아파트에 사는 부끄러움

"장애인들이 많아 보기도 흉하고 대부분 가난한 사람들이잖아요. 집값이 떨어지는 것보다 아이들 교육이 제일 걱정돼요."
"영구임대 아파트라는 말도 싫어요. 제가 영구임대 아파트에 살고 있다는 것을 친구들에게 알리고 싶지 않아요."

앞의 것은 영구임대 아파트 단지에 인접한 중산층 주거지에 사는 한 아주머니의 말이고, 그 다음은 영구임대주택에 살고 있는 한 여고생의 말이다. 여기서 영구임대주택에는 분명히 오명이 씌워져 있다는 것을 알 수 있다. 중산층의 의심에 찬 눈초리와 어린 나이에 겪게 된 치욕스러움은 좀처럼 화해될 것 같지 않다. 또 최근 한 빈곤문제에 대한 토론회에서 나온 이야기는 영구임대주택에 대한 이러한 인식을 보다 분명하게 보여준다.
"영구임대 아파트 단지는 '거지촌'이라고 불리기도 한다. 부담능력이 없어서 영구임대 아파트에 못 들어갔던 사람들은 살고 있는 사람들의 이야기를 듣고는 들어가지 않기를 정말 잘한 일이라고 생각하고 있다."
영구임대주택에 대한 부정적인 인식은 집단적인 양상을 보이기도 한다. 서울시 강서구의회는 지역발전에 저해가 된다는 이유로 강서구 안에 생활보호대상자 등을 위한 영구임대 아파트가 들어서는 것을 반대했다. '생활보호대상자 집단이주 중단 요구 결의안'이라는 것이 강서구의회 시민보건위원회에서 9명 전원 합의로 통과되었고, 그 결의안은 "서울지역의 생활보호대상자가 집단으로 강서구의 가양 방화지구 영구임대 아파트로 이주하게 됨에 따라 인구 증가에 따른 행정비 추가 부담과 각종 지원 부담금이 늘어나 재정에 압박을 받게 된다"고 하면서, "이러한 추가 재정부담으로 지역개발사업이 부진해져 강서구가 낙후지역이 되는 것은 물론이고, 생활보호대상자들이 입주하는 아파트는 조세 및 수수료가 면제되기 때문에 수입은 없고 지출만 늘어나 강서구의 재정은 파산하게 될 것"이라고 하면서 영구임대 아파트의 건설을 반대하였다.

여기에 더하여 영구임대 아파트는 외국 대도시의 경험에서 나타난 것처럼 낙후되고 범죄와 같은 사회문제가 많은 슬럼이 될 것이라는 걱정에 찬 예측도 나오고 있다. 또 공공 임대하는 점유형태는 그 속성상 자가소유나 민간임대에 비해 관리가 잘 이루어지지 않기 마련이라는 주장도 있다.

2) 사회주택의 도입과 후퇴

1988년 이후 몇 년간 정부는 주택건설부문에 대해 재정을 집중적으로 투자했다. 하지만 최근에 와서 주택부문에 대한 정부 재정 투자는 급격히 감소했다. 1989년 정부지출에서 주택 관련 예산이 차지하는 비중이 4.2%에 달했지만, 1993년에는 급격히 감소하여 1.0%로 떨어졌다. 이와 같이 주택 관련 예산이 줄어든 것은 영구임대주택 건설을 하면서 사회주택정책에 막대한 재정을 투자했다가 이제 그것에 대한 예산이 급격히 줄었기 때문이다. 왜 정부의 주택부문에 대한 투자에 이런 변화가 나타났는지 잠시 살펴보기로 하자.

1989 년 당시 200 만호 주택건설계획이 수립되고 영구임대주택이 도입된 것은 주택정책에서 획기적인 전기였음에 분명하다. 이런 변화가 나오게 된 것은 당시의 주택문제가 주택위기라고 여겨질 정도로 심각했기 때문이다. 하지만 이후 주택문제가 상대적으로 완화되었고, 그러자 '필요로 하는 영세민이 없다'는 이유로 25 만호의 공급계획이 19 만호로 축소되면서 공공임대주택정책도 사라졌고, 그나마 목표하였던 공공임대주택 연 1 만호의 건설도 제대로 이루어지지 않고 있다.

6 공화국 출범과 함께 저소득층의 심각한 주거사정을 개선하기 위해 도입된 영구임대주택사업에는 4 조원 가까운 국가 재정이 투입되었지만, 정책당국자는 "소요된 재정에 비해 효과가 적다"는 불만을 가지고 있고, 입주대상자인 빈곤층들은 주거비 부담과 생활권 변화 때문에 기피하고 있다. 이에 따라 정책당국자들은 이제 '공공임대주택을 필요로 하는 빈곤층들은 줄어들었으므로' 공공임대주택의 신규 착공물량을 대폭 줄이고 입주대상을 청약저축가입자 등으로 확대하였다.

그렇다면 과연 정책적인 관심을 기울여야 할 대상이 없어졌는가? 생활보호대상자 등 빈곤층의 주거문제가 영구임대주택의 공급을 통해 해결되고, 이제는 과연 차상위 계층의 주거문제를 해결해야 할 때인가?

오히려 그 반대의 경향도 나타나고 있다. 수십개 구역에서 진행되고 있는 재개발사업으로 인해 저렴한 주택의 재고는 급격히 감소하고 있고, 저소득층의 전·월세값은 소유용 주택의 급격한 공급으로 주택가격이 안정된 시기에도 지속적으로 상승하였다. 산동네가 눈에 보이지는 않게 되었지만, 수도권 외곽으로 지하셋방으로 주거빈곤의 사정은 더욱 악화되어가고 있다.

우리나라의 주택정책에서 간과되어온 임대주택시장에는 전체 가구의 절반 이상이 살고 있다. 안정적인 사회주택 공급을 통해 임대시장에서 일정한 재고를 유지하면 사회주택은 이러한 임대주택의 안정화에 중요한 역할을 할 수 있을 것이다. 또 안정적인 임대시장의 형성은 자가주택을 구입하려는 가구에게도 도움이 된다. 사회주택을 통한 임대시장의 안정은 현재와 같은 주택의 판매가격과 임대가격이 동반 상승하는 불안정한 주택시장을 판매시장과 임대시장이 대체적인 기능을 하도록 바꿀 수 있기 때문이다.

3) 사회주택 확대책

주거빈곤을 해소하고 주거 안정성을 보장하는 문제는 매우 중요한 사회정책의 대상이다. 선진국의 경우 저소득층의 주거안정을 위해서 공공부조나 생활보조금을 지급하고, 소득을 높일 수 있는 다양한 조치를 통해 간접적인 보조를 하는 등, 보다 적극적인 지원책으로 사회주택을 공급하고 있다. 사회주택을 어떻게 정의하는가에 따라 다르겠지만, 선진국이나 선진국을 지향하고 있는 나라들에는 대부분 이러한 성격의 주택이 있다.

우리나라에도 오래 전부터 '공공주택'이니 '공공임대주택'이니 하는 여러 종류의 주택들이 있어왔다. 하지만 실제로 저소득층에게 낮은 비용의 임대주택으로 계속해서 제공되는 진정한 의미의 사회주택은 1989년부터 1992년까지 공급된 영구임대주택 19 만호와 공공임대주택 정도에 불과하다. 이러한 주택재고는 현재 전체 주택재고에서 3%에 미치지 못한다. 외국의 경우를 보면, 영국은 사회주택 재고가 전체 주택에서 31%에 달하고, 서독은 18%, 프랑스는 13% 이다. 사회주택의 비중이 낮은 나라로는 일본은 7.6% 수준이며, 가장 시장논리에 입각한 주택정책을 실시해 온 미국은 2% 정도이다.

사회주택이 주택문제에 대한 보다 적극적인 대책이 되기 위해서는 현재보다 훨씬 많은 재고가 있어야 한다. 먼저 적어도 사회주택에 거주하는 사람들에게 최소한의 주거이전은 보장할 정도의 재고가 확보되어야 하고, 또 사회주택이 민간 임대시장의 가격을 안정시키는 데 기여할 수 있도록 최소한 전체 주택재고의 10%, 임대주택재고의 20%는 넘어서야 할 것이다.

사회주택 공급을 확대하는 데 가장 큰 장애는 재정과 택지이다. 영구임대주택은 처음에는 건립비의 85%가 정부의 재정에서 지출되었으나, 이후 재정 50%와 기금 20%로 축소되었고, 마침내 1994년부터는 중앙정부 재정이 들어가는 공공임대주택은 더 이상 추가로 건설하지 않겠다는 발표를 하기에 이르렀다. 이렇게 사회주택에 대한 일률적인 지원을 정하는 것이나, 그 부담이 커진다고 지원을 삭감해버리는 것은 문제가 있다.

각종 개발사업을 통해서 계층적인 불이익을 당하는 층은 주로 저렴한 주택재고의 감소로 영향을 받게 되는 저소득층이다. 이를 감안하면 각종 개발사업에서 가능한 경우 사회주택의 건설사업을 병행하도록 하거나 그 비용을 부담하도록 하는 것은 사회적 설득력을 가질 수 있다. 개발사업이 보다 정치화된 나라나 도시의 경우 실제 이러한 사례도 나타나고 있다.

사회주택을 지을 땅이 어디 있느냐 하는 문제도 빈곤층이 필요로 하는 지역에 사회주택을 공급하는 것에 장애가 된다. 신도시까지 건설하는 마당에 사회주택을 가난한 사람들이 살고 있는 생활권에 건설하는 것은 현실적으로 너무 어렵다는 생각이다. 하지만 대안이 없는 것은 아니다. 재개발구역의 국·공유지를 활용하여 사회주택 건설을 늘리는 것이다. 현재 서울의 미시행 재개발구역에는 60만평에 달하는 국·공유지가 있다. 이 땅을 민간에게 불하하지 말고 공공임대주택을 건설하는 데 활용한다면 도시내 곳곳에 공공임대주택 건설이 가능하다. 재개발을 통해서 일반분양 아파트 공급을 늘이지 말고, 대신 공공이 적극적으로 개입하여 공공임대주택 재고를 확보하는 재개발정책에 대한 보다 개혁적인 접근이 필요하다.

4) 대상계층 선정의 합리화와 임대료 보조제도의 도입

공급확대 외에도 사회주택과 관련하여 개선되어야 할 내용들은 많다. 그 중 하나로 입주자 선정기준의 보완이 필요하다. 사회주택을 축소하려는 논리의 대표적인 것 하나는 영구임대주택의 입주대상이던 영세민 등에 대한 공급이 완료되었다는 것이다. 하지만 이 논리는 많은 문제점을 안고 있다. 우리나라의 법정 영세민은 소득과 재산 정도에 따라 선정하도록 되어 있으나 소득 등에 대한 파악이 제대로 되지 않는 상황에서 판단하는 사람의 자의성이 개입될 여지가 많다.

만약 영세민의 선정이 합리적이었다 하더라도 공공임대주택은 영세민들이 부담할 수 있는 것이 아니었다. 1989년 영구임대주택 공급계획이 만들어질 당시 과연 영세민들은 영구임대주택에 들어갈 수 있었는지 살펴보기로 하자.

생활보호대상자를 지정하는 당시 기준에 따르면, 재산은 340~540만원이고 월소득은 4만 6천원~5만 4천원이어야 한다. 이들 생활보호대상자 가구는 평균적으로 3.8명으로 구성되어 있으므로, 가구당 소득은 월 18만 4천원~21만 6천원으로 추정할 수 있다. 그러면 이런 영세민들이 보증금 1백~2백만원에 월 3~4만원 정도의 임대료를 내고, 여기에 3~4만원 정도의 관리비를 추가로 부담할 수 있을까?

매월 현금으로 지출해야 하는 주거비만도 6~8만원에 이르는 영구임대주택은 입주대상자의 소득이 법정 최고한도라고 가정하더라도, 가구 월소득의 30~50% 수준에 달하는 비싼 집이다. 산동네 등에서 주거에 대한 소비를 최대한 줄여왔던 저소득층의 경우에 생활에 필수적인 다른 소비를 줄이고 주거비 지출을 늘이는 것은 거의 불가능한 것이다. 다시 말해, 제도적 조건을 따져볼 때 정책 자체에 논리적인 모순이 있는 것이다.

그래서 1989년 영구임대주택 시범단지가 건설된 중계동의 경우 입주대상자 3,908가구 중 1,205가구가 입주를 포기했는데, 그 중 63.8%인 745가구가 임대보증금 170만원과 월임대료와 관리비 부담이 과다한 때문이라고 대답했다. 생활보호대상자 등의 입주대상자들에게 공공임대주택의 주거비는 매우 큰 부담임을 알 수 있다. 과중한 주거비 부담은 임대료 체납의 원인이 될 수도 있다. 법정 영세민 수준을 대상 계층으로 실질적인 주거복지의 향상을 기하기 위해서는 보조금의 지급이 불가피하다.

우리나라의 공공임대주택의 역사는 5년여에 불과하다. 하지만 그 중요성은 주택문제의 심각성이나 주택시장의 특성을 볼 때 다른 어느 나라에 비해 덜하지 않다. 현재 진행되고 있는 공공임대주택의 정책적 후퇴가 그대로 방치된다면, 저소득층의 주택문제는 더욱 심화되고 심각한 주택위기와 주택으로 인한 고통을 겪게 될 가능성이 크다. 공공임대주택에는 많은 문제들이 지적되고 있기는 하지만, 모든 다른 일들처럼 문제를 드러내면서 발전해가는 것은 당연한 것이다. 문제를 회피하는 것은 상대를 악화시키는 것일 수 있다.

5. 임차권 보장

1) 임대주택을 무시한 주택정책

세상 서러움 중에 집 없는 설움이 제일이란다. 그렇게 따지면 전국민의 40% 는 온통 설움 속에 살고 있는 것이 된다. 특히 서울은 60% 가까운 시민들이 남의 집 살이를 하며, 전체 가구의 25% 는 단칸방 세입자여서 서울살이의 어려움은 익히 짐작이 된다. 더구나 세입자들은 평균 일년 반이면 한 차례씩 이사를 하는 것으로 나타나 세계에서 가장 높은 이사율을 보이고 있다.

그러나 전국민의 70% 정도가 세입자인 서독이나, 80% 가 세입자인 싱가포르에서 모두 이런 설움 속에서 살아간다는 소식은 들리지 않는다. 오히려 자기집이 아니어도 큰 불편 없이 살아가고 있으며 이사도 그리 자주 다니지 않는다고 한다. 소위 선진국과 우리나라가 세를 사는 처지는 매우 다르다.

더구나 턱없이 높아지는 땅값이며 집값 때문에 전·월세값마저 덩달아 올라 해마다 20% 이상의 전·월세를 올려줘야 하는 고통을 겪었다. 우리나라의 임대료 폭등은 1989년 말 17명의 임차인이 임대료 지불이 불가능하여 비관자살하게 만든 경험을 가지고 있다. 또 주택가격이 비교적 안정되었다고 하는 최근에도 전세값은 계속 올라갔다.

우리나라는 여태껏 집을 가진 사람은 거의 무조건 유리하고 집을 갖지 않은 사람은 계속 손해를 봐야 하는 상태였다. 주택가격이 끊임없이 올라가는 상황에서 집을 여러 채 가지고 있다면 자산가치 상승분을 실현할 수 있고, 한 채도 가지고 있지 않으면 계속 전세값을 감당하기 위해 한 해 벌어 몽땅 전세값으로 바쳐야 한다. 그래서 누구나 좀 무리해서라도 집부터 사야 한다고 생각하게 되었고 소득에 비해 턱없이 비싼 주택을 사기 위해 평생을 바친다. 그나마 안정된 직장이 있는 사람은 주택융자를 얻기가 쉽고 청약에 가입한 사람은 요행이라도 기대해 볼 수 있다. 하지만 그마저 불가능한 사람은 오르는 전세값을 바라보면서 사정이 더 나빠지지 않으면 다행으로 생각해야 할 처지이다.

임차가구의 불안한 처지는 기본적으로 우리의 주택정책 기조가 '자기집' 위주이기 때문이다. 집을 가지는 것을 촉진시키고, 분양용 주택을 사는 사람들에게 많은 혜택을 주고, 임대주택에 대한 정책들은 별 효과가 없는 상태이다.

임대주택시장이 불안정한 또 한 원인은 임대주택부문에서 찾을 수 있다. 우리나라는 임차권이 매우 미발달된 상태이다. 임차권에 대해 거의 인정하지 않는 분위기는 전문 임대업자가 거의 없고, 개별 가옥주가 방 한두 개씩 세놓는 방식으로 형성된 우리나라의 독특한 임대상황과 관련이 있다. 임대시장에서 세입자와 가옥주는 개별적인 계약관계로 남아 있기 때문이다.

사적 계약관계에서 임차인은 불리한 위치에 있을 수밖에 없다. 이러한 문제에 대응하기 위해 만들어진 것이 임대차보호법이다. 임대차보호법에서는 세입자들을 보호하기 위해 여러 가지 규정을 두고 있는데, 그 대표적인 것이 임대료를 올릴 수 있는 상한을 매년 5%로 제한한 것과 임대기간을 2년으로 하도록 한 것 등이다. 하지만 그 규정들을 지키지 않을 경우의 처벌규정이 없고, 실제로는 임차인의 주거 안정에 도움을 주지 못하는 사문화된 상태이다. 실제 임대차 관행을 보면 1년 계약이 아직도 많고, 재계약 당시의 시세에 따라 임대료가 다시 결정된다. 세입자들은 여전히 '더 낼래, 나갈래'라는 양자택일의 길밖에 없는 상태이다.

2) 임차권 확보부터

이러한 임대차관계는 공공이 한 주체가 되는 사회주택에서도 크게 다르지 않은 것으로 나타났다. 1996년 12월부터 올 3월까지 신림 10동에 대한주택공사가 건설한 재개발 공공임대주택에서 임대료 분쟁이 있었다. 주공의 5% 임대보증금과 임대료 인상 통보에 대해 주민들이 주공을 비롯하여 관계기관에 임대료에 대한 조정과 이에 관한 협상을 요구했다.

이 분쟁에서 매년 5% 상한선까지 임대료 등을 인상하겠다는 주공측의 방침이 확인되었고, 이러한 일방적인 임대료 결정에 대해 주민들이 협상할 수 있는 기회는 주어지지 않았다. 이는 기존의 일방적인 임대차 관행이 사회주택을 둘러싸고도 그대로 적용되는 것을 보여주는 것이고, 또 사회주택 공급주체에서는 시혜적인 차원에서 파악하고 있고, 주택관리 차원에서 사회주택 공급의 의의는 잘 실현되지 않고 있음이 드러났다. 또 주민들의 의견제시과정에서 임차인들이 임대료 결정과정에 한 주체로 참여할 수 있는 권리가 제도적으로 보장되어 있지 않음을 확인했다. 하지만 신림10동의 임대료 분쟁은 3개월간의 주민들의 단결력을 보여주었고, 세입자 조직의 가능성을 제공해준 것이라는 점에서 중요한 의미가 있었다고 할 수 있다.

우리나라 주택임대차의 특성은 세입자들이 고립·분산되어 있기 때문에 단결하기 힘든 것이고, 이에 따라 권리의식이나 권리 행사의 주체가 형성되지 않았다는 것이다. 또 많은 사람들이 비록 지금 세를 살더라도 조금 더 고생하면 내 집을 장만할 수 있다는 희망이 있었기 때문에 이런 상태는 계속될 수 있었다. 이런 조건 때문에 주택을 살 가망이 없고 임대주택시장의 불안정으로 전·월세값이 급격하게 올랐을 때 십 수명이 자살하는 사태가 생겨난 것이다. 이는 살아갈 적절한 주택은 기본적으로 권리라는 생각이 있었더라면, 또 그러한 권리가 사회적으로 인정된다면 일어날 수 없었던 일이다. 세입자들의 조직적인 대응과 권리의 확보가 얼마나 중요한 것인가를 보여주는 것이다.

전·월세문제를 어떻게 해결할 것인가는, 단순히 임대차보호법을 강화하는 것만으로는 불가능할 것이다. 보다 근본적인 접근방식과 정책 변화가 필요하다. '자기집' 위주의 정책에서 과감히 탈피하여, '내 집이 아니어도 편안히 살아갈 수 있는 정책'으로 전환하는 것과 임차인의 권리의식이 그것이다.

6. 맺음말

위에서 다룬 주제들은 우리나라의 기존 주택정책에서는 상대적으로 중요시되지 않았고, 주로 저소득층 주택문제에 대한 대책으로 언급되어오던 것들이다. 하지만 이것을 저소득층의 문제에 대한 대책이라고 한정지어 생각할 필요는 없을 것이다. 주택시장의 불안정성으로 인한 문제는 이미 중간계층에게도 큰 문제가 되고 있으며, 현재와 같은 대도시 중심의 주택건설과 주택가격 상승의 추세가 계속된다면 거의 대부분의 사람이 안정되고 쾌적한 정주환경에서 생활하는 것을 포기해야 할 것이다.

주거권을 보장하기 위한 여러 수단들은 기본적인 사회적 보장선을 제공하는 것이다. 누구에게나 어떤 상황에서나 보장될 수 있는 기반을 제공하는 것이다. 이것은 일방적으로 욕구를 결정하고 똑같은 소비를 강요하는 것과는 다르다. 권리는 이를 실현하고 신장시키기 위한 주체적인 노력을 통해서, 또 다른 권리들과의 조정 속에서 그 형태를 나타낼 것이다.

그동안 많은 사람들은 투기적인 시장에서 한 번쯤은 돌아올 기회 때문에 주택문제에 대해 목소리를 죽여왔다. 그렇지만 문제는 저절로 풀리지는 않았다. 이제 목소리를 내면서 해결해야 할 시점이다.

▶본 토론은 1997 년 4 월 22 일 수유리 아카데미하우스 <대화의 집>에서
이루어졌다.

▶참석자 소개
(직함은 토론 당시의 것이며, 가나다 순으로 정리된 것임. *표는 본 교육원
의 운영위원임)

김경애(동덕여대 여성학 교수)*
김성숙(인천사랑여성모임 대표)
김현숙(한국여성농민연구소 책임연구원)
모지환(전 중앙대 강사)
박주현(변호사)
심창학(삼성경제연구소 객원연구원)
이기호(크리스챤아카데미 기획차장)
이삼열(숭실대 철학과 교수)
이상덕(한국여성의전화 부회장)
이석태(변호사)*
이시재(가톨릭대 사회학과 교수)*
장기표(신문명정책연구원장)
정수복(크리스챤아카데미 연구실장)
정외영(녹색삶을 위한 여성모임 회장)
정경란(기독교사회문제연구원 연구원)
최창희(의원보좌관)
사회교육원(신필균 원장, 손정미 연구원, 이은희 연구원)
외 26 명 참여

엮은이 소개

크리스챤아카데미 사회교육원은 사회적 연대를 통해 시민운동의 활성화와 성숙한 시민 사회를 형성하는 데 기여하기 위해 1994년 10월 문을 열었다.
사회교육원은 앞으로도 시민의 자발적인 참여를 기반으로 민주적이고 공동체적인 생활양식을 정착시키고, 시민의 기본권을 제도적으로 보장하는 작업을 수행할 것이며, 국제적 연대성을 구현하기 위한 제반 활동을 펼칠 것이다.

주소 / 110-510 서울시 종로구 동숭동 1-1
전화 / (02)744-3964(대표)
팩스 / (02)766-7329
하) ksei98 천) unecoc
e-mail) ksei@unitel.co.kr.

시민을 위한 작은책6
한국 사회복지정책의 실태
이념과 철학을 중심으로

ⓒ 사회교육원, 1999

엮은이 / 크리스챤 아카데미 사회교육원
펴낸이 / 김종수
펴낸곳 / 도서출판 한울

편집 / 이정경

초판 1쇄 발행 / 1999년 1월 15일
초판 2쇄 발행 / 2000년 2월 20일

주소 / 120-180 서울시 서대문구 창천동 503-24 휴암빌딩 201호
전화 / 영업 : 326-0095(대표), 편집 : 336-6183(대표)
팩스 / 333-7543
등록 / 1980년 3월 13일, 제14-19호

Printed in Korea.
ISBN 89-460-2601-4 04330

*가격은 겉표지에 있습니다.